Annemarie Schimmel

Kleine Paradiese

HERDER spektrum

Band 5192

Das Buch

Atmosphäre und Zauber orientalischer Gärten – Dichter haben sie besungen, Künstler gemalt oder in Teppiche hineingewoben. Mit seinem ungeheuren Reichtum an Pflanzen und Tieren, Farben und Formen erscheint der Garten als Abbild der Welt. Er ist ein Sinnbild für Werden und Vergehen, ein Ort der Stille und des Friedens, aber auch der rauschenden Feste und der Liebe. Rose und Nachtigall, Lebensbaum und Weinrebe – die göttliche Schöpferkraft drückt sich in der überirdischen Schönheit der Natur aus. Das Paradies wird als wundervoller Garten vorgestellt, und der Garten als kleines Paradies, in dem in jeder Blume das Geheimnis des Ganzen liegt.

Annemarie Schimmel führt uns durch die wichtigsten historischen Gärten des Islam. Und sie zeigt, welche Bedeutung Gärten in Religion, Literatur und bildender Kunst haben: als Gärten der Liebe und Gärten der Erkenntnis, als Himmelsgärten und als Garten der Welt. Zwischen den verschlungenen Wegen von 1001 Nacht und der tiefen und einfachen Weisheit der Sufi. Ein Buch voller Duft und Inspiration.

Die Autorin

Annemarie Schimmel, international ausgewiesene, weltbekannte Islamexpertin, Professorin für Indo-Muslimische Kultur, Friedenspreisträgerin des Deutschen Buchhandels, lehrte in Harvard und Bonn. Zahlreiche Publikationen. Bei Herder Spektrum: Die orientalische Katze. Mystik und Poesie des Orients; Al-Halladsch – „O Leute, rettet mich vor Gott". Texte islamischer Mystik; Wie universal ist die Mystik? Die Seelenreise in den großen Religionen der Welt; Rumi. Meister der Spiritualität; Mitarbeit in Emma Brunner-Traut (Hg.), Die Stifter der großen Religionen.

Annemarie Schimmel

Kleine Paradiese

Blumen und Gärten im Islam

HERDER

FREIBURG · BASEL · WIEN

Gedruckt auf umweltfreundlichem,
chlorfrei gebleichtem Papier

Originalausgabe

Alle Rechte vorbehalten – Printed in Germany
© Verlag Herder, Freiburg im Breisgau 2001
www.herder.de
Satz: DTP-Studio Helmut Quilitz, Denzlingen
Druck und Bindung: fgb · freiburger graphische betriebe 2001
www.fgb.de
Umschlaggestaltung und Konzeption:
R·M·E München / Roland Eschlbeck, Liana Tuchel
Umschlagmotiv: Blütenphantasie. Miniatur, Tinte, Farben und Gold auf Papier,
Dekkan, Indien, um 1650; Sammlung des Prinzen Sadruddin Aga Khan
Vignetten nach „Ornamente. Eintausendeins islamische Motive",
ausgewählt von Claude Humbert, München 1980
Autorenfoto: © Markus Kirchgeßner
ISBN 3-451-05192-3

Inhalt

Vorwort

Es heißt, ein guter arabischer oder persischer Dichter habe einen Garten beschreiben können, ohne ihn je gesehen zu haben, denn die poetischen Beschreibungen der Pflanzen waren so stereotyp, dass er leicht aus Rosen, Lilien, Tulpen und Zypressen „seiner Wünsche Blumengarten" hervorzaubern konnte, und persische und indische Miniaturen spiegeln Gärten und Pflanzen teils realistisch, teils in anmutiger Verfremdung. Ähnlich geht es mir, die nie einen Garten besessen hat und nun wagt, etwas über die „kleinen Paradiese" zu schreiben, mit denen sich die Muslime durch die Jahrhunderte hin umgaben.

Kongresse über islamische Gärten haben in den letzten Jahrzehnten häufig stattgefunden, sei es in Washington oder in Lahore, Ausstellungen wie „Die Gärten des Islam" in Stuttgart haben viel Interesse erweckt, und eine Reihe von Orientalisten haben sich dem Thema Blumen und Gärten zugewandt.

Beginnend mit einem Artikel in unserer arabischen Zeitschrift *Fikrun wa Fann* 1964 über einen Beitrag zu dem schönen Sammelband von E. Macdougall und R. Ettinghausen, besonders aber durch Übersetzungen aus der Poesie der islamischen Völker wurden mir die Gärten immer vertrauter; historische Werke des Mittelalters berichteten von Gartenanlagen der Fürsten in Andalusien, Ägypten, Iran, der Türkei und Mogul-Indien. Viele der Mogulgärten in Indien und Pakistan konnte ich besuchen.

Wie im Deutschen haben auch in den islamischen Sprachen Blumen und Pflanzen oft völlig verschiedene Namen, und manchesmal ist es schwer, sich für eine Version zu entscheiden. Ich bin Marianne Beuchert, der grossen Kennerin der Blumen, sehr dankbar, daß sie das Manuskript durchgesehen, mich freundschaftlich belehrt und vor groben Fehlern bewahrt hat. Auch Wolfhart Hein-

richs, Clas Naumann und Christian Kellersmann haben Fragen be-
antwortet. Gudrun Schubert hat nicht nur das ganze Manuskript
durchgesehen, sondern auch die Bibliographie erstellt. Ihnen allen
sei herzlich gedankt.

Annemarie Schimmel   Bonn, im August 2001

TEIL I

Von der Schönheit islamischer Gärten

Das Paradies – ein Garten? So ist es in der Tat; denn unser Wort *Paradies* ist abgeleitet vom persischen *paridaize*, das von Xenophon für die persischen Gärten verwendet wurde. Später hielten die Araber das Wort *faradis* für einen arabischen Plural und erfanden den Singular *firdaus*, der bis heute das Paradies bezeichnet. Im Koran freilich ist in der Regel von *dschanna*, „Garten", die Rede, oder auch von *dschannat ʿadan*, dem „Garten Eden".

Zahlreich sind die Namen der Gärten in der islamischen Welt. *Rauḍa* ist zunächst der Hag, wird aber dann häufiger für den Mausoleumsgarten verwendet: Das Mausoleum des Propheten in Medina wird als *rauḍa* bezeichnet. *Ḥadīqa* ist ursprünglich der Baumgarten, und das persische *būstān*, „der Ort des Duftes", ist ein häufig verwendeter Allgemeinbegriff. Die Endung -*stān* bezeichnet im Persischen einen Ort, wo sich etwas befindet: *Gulistān* ist ein Rosengarten, *Nachlistān* ein Palmengarten, *Narangistān* ein Orangengarten, *Angūristān* ein Weinberg. Auch *bāgh*, eine allgemeine Bezeichnung für Garten, wird in der östlichen islamischen Welt verwendet, ebenso wie sein Diminutiv *bāghtsche* (*bahçe*), das besonders im Türkischen den Garten bezeichnet. Im Maghreb, vor allem in Marokko, nennt man den großen Garten *agdāl*.

Schilderungen von orientalischen Gärten finden sich in allen Reisebeschreibungen, und erste Zeugnisse stammen aus persischen und assyrischen Reliefs des 6. vorchristlichen Jahrhunderts, die thronende Herrscher zeigen, wie den Achämeniden Cyrus in Pasargadae oder Assurbanipal in Assur. Immer gehören Blüten, Bäume und Weintrauben zum Inventar. Der traditionelle persische Gartentyp, der sich in der ganzen islamischen Welt verbreitete – die frühen syrischen Gärten waren anders aufgeteilt –, ist der so genannte *tschārbāgh*, der „Vierergarten", eine rechteckige Anlage, die durch sich kreuzende Wasserläufe in vier Sektionen aufgeteilt ist. In der Mitte der Gewässer mochte man wohl auf einer Plattform einen Pavillon oder ein Schlösschen errichten, von dem aus man die bunten Blumen gut überschauen konnte. Man hat bei der Anlage an ein kosmisches System gedacht, das die vier Himmelsrichtungen anzeigt, oder auch an eine Erinnerung an die vier Paradiesströme. Im Osten wurde der *tschārbāgh* besonders für Mausoleenanlagen verwendet, so dass der Verstorbene gewissermaßen schon im Paradies lebt, jenem „Garten, unter dem Gewässer fließen". Bei größeren Anlagen wurden die vier Sektionen noch durch weitere Kanäle unterteilt. Die regelmäßige Anlage erlaubte es, Bäume und Blumen nach genauen Regeln zu pflanzen, so dass den Gästen der größtmögliche Genuss geboten wurde.

Europäische Reisende haben immer wieder die wunderbaren Gartenanlagen des Nahen und Mittleren Ostens beschrieben. Der Spanier Clavijo war überrascht von dem Gartenreichtum der Hauptstadt Timurs, Samarkand, das er 1404 als Gesandter besuchte. Chardin und der Lemgoer Apotheker Engelbert Kaempfer (1684) haben die Gartenanlagen persischer Städte bewundert, während R. G. von Busbecq von den Parks in Istanbul berichtet, und britische Diplomaten und Kaufleute beschrieben staunend die Gärten von Agra und Lahore im Mogulreich. Die historischen Werke der Araber, Perser und Türken informieren uns über die Gärten der Fürsten, und in Mogul-Indien zeigen die am Kaiserhof hergestellten Miniaturen, die historische und schöngeistige Werke illustrieren, Gärten und Blumen in reicher Fülle und durchaus naturgetreu.

Doch nicht nur die großen Gartenanlagen sind typisch für die mittelalterliche islamische Welt – in vielen Häusern war der Hof-Garten ein wichtiger Teil der Architektur. Der Besucher, der durch das innere Tor in den Bereich der Familie eintreten durfte, entdeckte – vielleicht noch durch einen schrägen Gang abgeschirmt – einen Garten, der, wenn auch noch so klein, doch ein wenig Grün, ein Wasserbecken oder eine Fontäne aufwies, so dass die Damen

11

des Hauses hier unbeobachtet von Fremden frische Luft und Blütenduft genießen konnten. Unvergesslich jene Abende im Innenhof eines Hauses in der Altstadt von Marrakesch, wo das Kätzchen Warda, „Rose", die laue Brise und den Klang des Wassers genauso zu genießen schien wie wir Gäste!

Moscheen wurden oft von Gärten umgeben – ein besonders gutes Beispiel ist die Große Moschee von Córdoba mit ihrem Orangenhain. Bei osmanischen Moscheen findet man oft einen kleinen, jetzt meist verwilderten Baumgarten oder ein paar große schattenspendende Bäume, und die Moscheen und Medresen Irans spiegeln sich häufig im Kanal eines Gartens. Der Duft des kleinen Gartens im Vorhof von Maulana Rumis Mausoleum in Konya war unvergesslich. Und wer aus irgendeinem Grund keinen Garten haben konnte, mochte wohl Dutzende von Blumenkübeln auf die Eingangstreppe seines Hauses stellen.

Der Gartenbau wurde wissenschaftlich behandelt – nicht nur die medizinischen Eigenarten der angepflanzten und anzupflanzenden Blumen wurden in Spezialwerken dargelegt – Handbücher der Landwirtschaft und des Gartenbaus findet man seit dem frühen Mittelalter. Man denke z. B. in Andalusien an Ibn Luyuns in Versen verfasstes Werk, in dem die ideale Lage von Bäumen und Wegen ebenso wie die beste Form und Lage des Zentralpavillons beschrieben wird. Das Gleiche gilt für die östliche islamische Welt. 1515 verfasste ein gewisser Qasim ibn Yusuf in Herat (Afghanistan) einen Leitfaden der Agrikultur, *irschād az-zirāʿat,* nachdem ihn der Heilige von Herat, der 1089 verstorbene Abdullah-i Ansari, im Traum geheißen hatte, ein solches Werk zu schreiben, denn, wie der Autor erfuhr, „es gehen in dieser Welt Landwirtschaft und Pflanzen von Bäumen allen anderen Künsten voran, da beide in dieser und jener Welt Segen bringen". In dem Werk spezifiziert er z. B. acht Arten von Blumen und ihre Verwendung. Anderthalb Jahrhunderte später schrieb ein Nachfahr des Architekten der Schalimar-Gärten in Lahore ein Werk über die Pflege dieser Gärten, und im Dekkan wurden zur gleichen Zeit zahlreiche Schriften über Gartenbau verfasst: Man beschrieb die Blumen, die entsprechend ihren Farben und Düften nach genauen Plänen angepflanzt werden sollten, damit der Besucher vollkommenes Glück erfahre. Es gibt detaillierte Grundrisse solcher Gärten aus verschiedenen Gebieten, sei es Iran, Indien oder die Türkei; sie zeigen die Sorgfalt, mit der man sich der Gestaltung der Gärten widmete. Manche Handbücher lehren technische Details: wie man Früchten eine schönere Farbe gibt (man pflanze rote Rosen unter Apfelbäume, um rote Äpfel zu erhalten); wie man durch Pfropfen zweier Blumenarten besonders interessante hybride Blüten bekommt und durch Eingraben bestimmter Substanzen oder durch Zusätze von Farben und Mineralien die Farben von Blumen und Früchten verändern kann und vieles mehr.

Noch eine andere Art von „Lehrbüchern" finden wir. Der spanisch-arabische Autor al-Himyari verfasste im 11. Jahrhundert ein Werk, *al-badīᶜ fī waṣf ar-rabīᶜ*, „Das Neuartige bei der Beschreibung des Lenzes", in dem er die dichterischen Vergleiche mit den verschiedenen Blumen auflistet und damit vor dem Leser gewissermaßen einen poetischen Garten auftut.

Denn die Blumen- und Gartenpoesie hatte sich erst langsam entwickelt. In alter Zeit pflegten die arabischen Dichter von den *aṭlāl* zu singen, den verlassenen Halteplätzen der Karawanen, an denen ihre Geliebte Rast gemacht haben mochte, und von den Wasserstellen, wo die dürstenden Kamele getränkt wurden. Mit der Verstädterung aber, die in den ersten Jahrhunderten der islamischen

Zeit einsetzte, entwickelte sich auch eine verfeinerte Kultur, und je mehr sich die Fürsten im Irak, in Syrien und Ägypten, aber auch in Andalusien mit Gärten umgaben, desto mehr entwickelten die Dichter ihre Bildersprache und schufen im „neuen Stil" eine reizvolle beschreibende Poesie, in der die Dinge des luxuriösen Lebens in immer raffinierteren Bildern und Vergleichen besungen wurden. Vor allem am Hofe der Hamdaniden von Aleppo blühte die Gartendichtung, deren hervorragendste Vertreter Sanaubari (gest. 945) und sein Freund Kuschadschim (gest. 961) waren. Fast zur gleichen Zeit begannen die Perser ihre Sprache als poetisches Medium zu benutzen und sangen entzückende, geradezu duftende Verse, die von Jahrhundert zu Jahrhundert beliebter wurden und die türkische und die Urdu-Dichtung beeinflussten. Und nicht nur in der Lyrik, sondern auch in der Panegyrik spielt die Blumenwelt eine wichtige Rolle, konnte der Dichter doch seinen Mäzen in geschickter Verbindung mit einem blühenden Garten, mit Segen spendendem Regen loben. Die Metaphern aber waren so bekannt, dass auch jemand, der nie einen Garten gesehen hatte, ihn poetisch schildern konnte ...

Eines der reizvollsten Werke über Blumensprache ist das eines syrischen Theologen, des 1279 verstorbenen Ibn Ghanim al-Maqdisi, dessen *kaschf al-asrār 'an ḥikam aṭ-ṭuyūr wa'l-azhār*, „Eröffnung der Geheimnisse aus den Weisheitsworten der Vögel und der Blumen", seine imaginären Gespräche mit der Frühlingsbrise, mit den einzelnen Blumen – Veilchen und Myrte, Narzisse und Lavendel, Rose und Lotos – in anmutiger Reimprosa erzählt; denn jede Blume spricht durch ihren *lisān al-ḥāl*, ihre „stumme Eloquenz", ihr

So-Sein, und deutet an, was sie denkt, und jede äußert ihre religiösen Überzeugungen; denn alles ward ja geschaffen, um Gott zu preisen. Auch die Vögel werden in ähnlicher Weise vorgestellt. Dieses reizende Buch hat schon im frühen 19. Jahrhundert europäische Arabisten interessiert; es ist teilweise ins Englische übersetzt.

Noch aparter aber ist ein bisher nur handschriftlich erhaltenes arabisches Werk eines unbekannten Autors, das dem osmanischen Sultan Selim Yavuz (reg. 1512–1520) zugeeignet ist. Der Verfasser beschreibt zunächst den Winter und vergleicht dann in einem kühnen Versuch die ersten Muslime mit Blumen – der Prophet Muhammad entspricht der Rose, der erste Kalif Abu Bakr dem Veilchen, der zweite Kalif Omar dem Adonisröschen (bzw. der Tulpe), der dritte Kalif Othman dem Jasmin, und der Vetter und Schwiegersohn des Propheten, der vierte Kalif Ali, der Narzisse, während seine beiden Söhne Hasan und Husain als 'abhar, „Jasmin" oder „Narzisse", bezeichnet werden.

So konnte jeder Gartenliebhaber die Blumen nach seinem Geschmack interpretieren, konnte lernen, wie man Rose und Myrte, Narzisse und Veilchen in poetischen Bildern beschreiben oder was für Eigenschaften man ihnen zuschreiben konnte, aber auch, für welche Leiden der Duft, das Öl jeder Pflanze gut war, welche Blumen für seine Gemütsstimmung, seinen Charakter passten – und so konnte die vollkommene Harmonie zwischen Mensch und Garten gefunden werden.

Der Paradiesgarten

Im Paradies die Flüsse all,
  sie fließen mit dem Ruf Allah,
und dort auch jede Nachtigall,
  sie singt und singt: Allah, Allah!

Des Tubabaumes Zweige dicht,
die Zunge, die Koranwort spricht,
des Paradieses Rosen licht,
  sie duften nur: Allah, Allah.

Die Stämme sind aus Licht so klar,
aus Silber ist der Blätter Schar,
die Zweige, die entsprossen gar,
  sie sprießen mit dem Ruf Allah …

So interpretiert der mittelalterliche türkische Sänger Yunus Emre das Paradies – Stimmen, Düfte, der sanfte Wind, ja auch Wachsen und Blühen drücken durch ihr Sosein Gottes schöpferische Allgegenwart aus, da am Ende alles in Ihm vereint sein wird – „ohne Wie". In der Tradition des mystischen Islam heißt es:

Als Gott den Paradiesgarten pflanzte, pflanzte Er die Bäume
mit eigener Hand und ließ seine Flüsse strömen; dann sprach
Er zu ihm: „Sei schön, sei schön – und bei Meiner Ehre und
Meiner Majestät! Kein Geiziger wird Mir in dir nahe kommen!"

So schreibt Ruzbihan-i Baqli, der Schiraser Visionär (gest. 1209).
  Der Koran berichtet (Sure 2,35 f.), wie Adam und Eva im Paradiesgarten weilten, bevor sie sich durch satanische Einflüsterung

dem verbotenen Baum nahten und des Paradieses verwiesen wurden. Für ihre Frömmigkeit aber hat der Koran den Gläubigen als schönste Belohnung wiederum den Paradiesgarten versprochen – die Gottesfürchtigen werden ewiglich in Gärten weilen, „Gärten, unter denen Flüsse fließen", wie es mehr als dreißig Mal heißt. Denn die größte Freude der Bewohner trockener Gebiete sind grünende Gärten, schattenreiche Oasen, Baumgärten, in denen die Blumen noch kaum erwähnt werden.

Manchmal erheben sich die koranischen Beschreibungen der himmlischen Gärten zu hymnischer Schönheit, wie in Sure 56,27, wo es von den „Gefährten der Rechten", also den Geretteten, heißt, sie werden sein

unter dornenlosem Lotos, und Talh-Bäumen mit Blüten-schichten, und weitem Schatten und bei strömendem Wasser, und Früchten in Mengen, unaufhörlichen, unverwehrten und erhöhten Polstern …

wo sie die Paradiesesjungfrauen genießen können.

Besonders wichtig in diesen Beschreibungen sind die Brunnen, Wasserläufe, Fontänen sowie Schatten und Früchte, wie das Herz sie begehrt (Sure 77,41). Genau diese Aspekte des himmlischen Gartens erscheinen immer wieder in den irdischen Gärten, gewissermaßen in ihnen gespiegelt. Am ausführlichsten werden die Gewässer in Sure 47,16 beschrieben:

Das Bild des Paradieses, das den Gottesfürchtigen verhießen ward; in ihm sind Bäche von Wasser, das nicht verdirbt, und Bäche von Milch, deren Geschmack sich nicht ändert, und Bäche von Wein, köstlich den Trinkenden, und Bäche von geklärtem Honig; und sie haben in ihm allerlei Früchte …

Dieser Gedanke mag die Gärten in der islamischen Welt von Marokko bis Indien inspiriert haben, wobei das oft zu findende zentrale Wasserbecken an den *ḥauḍ*, den paradiesischen Teich, erinnern konnte. Das Bild der Ströme im Paradies inspirierte auch manch einen Dichter, seine unerfüllte Liebe in Paradiesbildern zu besingen; wenn er unter dem Balkon der unerreichbaren Geliebten steht – der ihm wie das Paradies erscheint –, strömen ihm Tränenbäche aus den Augen, gleich jenen Flüssen, die „unter dem Paradies" fließen… Man konnte das Leben in irdischen Gärten genießen und damit den Himmel schon vorwegnehmen – meinte nicht der andalusische Dichter Ibn Chafadscha (gest. 1139), genannt „der Gärtner", dass seine Landsleute, die das Land mit so wundervollen Gärten geschmückt hatten, sicherlich nach solchem Paradiesgenuss niemals ins Höllenfeuer kommen würden?

Der Koran verheißt den Seligen, dass sie aus einem überfließenden Becher trinken werden (Sure 78, 34), von dem man nicht berauscht oder krank wird (Sure 37, 46). Der Ausdruck *scharāban ṭahūran*, „reinen Wein" oder „Trunk" (Sure 76, 21), den Gott den Seligen verheißen hat, spielt eine große Rolle in der durchaus nicht religiösen Festkultur, wo der Garten der Platz war, da man Wein und anderen Luxus genoss, wie aus den unzähligen Versen deutlich wird, die solche Vergnügungen in den verschiedensten Sprachen besingen.

Der himmlische Garten ist, wie der Koran andeutet, „so breit wie Himmel und Erde" (Sure 57, 21), und doch scheint er ein *hortus conclusus*, ein eingeschlossener Garten zu sein, wie er typisch für die islamische Kultur ist. Er ist gewissermaßen der „Welt-Innenraum". Denn dass das Paradies von Mauern umgeben ist, wird aus Sure 39, 73 deutlich, wo es heißt, dass die Gläubigen in Scharen zum Paradies getrieben „und dessen Tore geöffnet" werden. Die Tradition spricht, getreu uralten Vorstellungen, von sieben Pforten, doch später schien es notwendig, zu erklären, dass zwar die Hölle sieben Tore hat, das Paradies aber deren acht besitzt, weil „Gottes Barmherzigkeit größer ist als Sein Zorn". Und Acht ist die Zahl der vollkommenen Seligkeit.

Die Frommen personifizieren manche der Konzepte: So wird

das „Wohlgefallen Gottes", *riḍwān*, das die Frommen im Paradies finden (Sure 3, 15; 9, 21 u. a.), mit einer himmlischen Gestalt namens Ridwan identifiziert; dieser wird in der volkstümlichen Überlieferung zum Wächter des himmlischen Gartens, der jeden Eintretenden prüft. *Kauthar*, die „Fülle", die dem Propheten in Sure 103 gegeben wird, wird als Name einer Quelle interpretiert und gern zusammen mit der in Sure 76, 18 erwähnten Quelle *salsabīl* verwendet. Und wenn Sure 31, 29 davon spricht, dass denen, die da glauben und gute Werke tun, „Heil (*ṭūbā*) und eine schöne Wohnstatt gegeben werde", dann wird *ṭūbā* schon bald zu einem wunderbaren Baum, unter dem die Paradiesbewohner weilen, einem Baum, anmutiger als die schlankste Zypresse. Daher sagt Hafis im Einklang mit vielen anderen persischen und türkischen Dichtern:

> *Du denkst an den Tuba-Baum und ich an die Gestalt der Geliebten*
> *– Jeder denkt eben entsprechend seiner Wunschvorstellung!*

Während der orthodoxe Fromme vom Himmelsgarten mit seinem Baum des Heils träumt, richtet sich der Sinn des Liebenden auf den schlanken Wuchs der irdischen Geliebten. (Übrigens ist Tuba in Iran zu einem weiblichen Eigennamen geworden.) – Der ständige Austausch des Friedensgrußes, *salām*, den die Seligen im Paradies sprechen (Sure 57, 24), konnte leicht wie himmlische Musik erscheinen – Musik, wie sie auch in den irdischen Lustgärten der islamischen Welt gepflegt wurde. Ja, Maulana Rumi hörte selbst in der irdischen Musik „das Knarren der Paradiesespforten", wie es in einer von Friedrich Rückert nacherzählten Legende klar wird:

> *Einst sprach unser Herr Dschelaladdin dieses:*
> *„Die Musik ist das Knarren der Pforten des Paradieses!"*
> *Sprach darauf einer von den dumm-dreisten Narren:*
> *„Nicht gefällt mir von Pforten das Knarren!"*
> *Sprach unser Herr Dschelaladdin drauf:*
> *„Ich höre die Pforten, sie tun sich auf;*

aber wie die Türen fallen zu –
das hörest du!"

Aus den koranischen Paradiesbeschreibungen, die einander oft ähneln, hebt sich Sure 55 ab, weil dort von „zwei Gärten" gesprochen wird:

> 58. *Für den aber, der seines Herrn Rang gefürchtet, sind der*
>   *Gärten zwei –*
> *Welche der Wohltaten eures Herrn wollt ihr beide wohl leugnen?*
> *Beide (Gärten) mit Zweigen …*
> *in ihnen sind zwei eilende Quellen …*
> *in ihnen sind von jeder Frucht zwei Arten …*
> *Sie sollen sich lehnen auf Betten, mit Futter aus Brokat, und die*
>   *Früchte*
> *der beiden Gärten sind nahe …*
> 62. *Und außer diesen beiden sind der Gärten zwei …*
> *in grünem Schimmer …*
> *In ihnen sind zwei reichlich sprudelnde Quellen …*
> *in beiden sind Früchte und Palmen und Granatäpfel …*

Es mag sein, dass spätere Gartenanlagen mit ihrer durch den zentralen Kanal gewissermaßen gedoppelten Anlage von diesem Gedanken inspiriert worden sind und dass eine Verbindung der himmlischen Gärten mit dem irdischen *Tschārbāgh*system (s. S. 10 f.) die typische Idealform des islamischen Gartens begünstigt hat.

Eine Reihe von Mystikern haben versucht, aus Beschreibungen wie denen von Sure 55 eine Geographie des Paradieses zu entwickeln, und phantasievolle Ausleger haben dabei die verschiedenen Ausdrücke, die der Koran für das Paradies verwendet, zu einer Art Landkarte zusammengestellt – *dschanna, 'adan, 'illiyūn, khuld, firdaus* bezeichnen ihnen zufolge Sektionen des Paradieses, in denen die Menschen entsprechend ihren Verdiensten verweilen. Es heißt auch, das Paradies bestehe aus acht Gärten – die Zahl Acht könnte aus der Verdoppelung der in Sure 55 erwähnten zweimal zwei Gärten entstanden sein oder aber die traditionelle Zahl der Vollkommenheit darstellen. Der Ausdruck *hascht bihischt*, „acht Paradiese", erscheint im Persischen nicht selten, sowohl als Name von Gartenanlagen als auch als Titel romantischer oder mystischer Werke. Der Turkmenenherrscher Uzun Hasan (gest. 1475) hatte z. B. nahe Tabriz eine Gartenanlage mit einem achteckigen Pavillon anlegen lassen, die als *Hascht Bihischt* bekannt war, und neuerdings trägt auch ein Luxushotel in Abu Dhabi diesen Namen.

Volkstümliche Prediger haben durch die Jahrhunderte die Beschreibungen der Wonnen des Paradiesgartens (ebenso wie der Qualen des Höllenfeuers) immer detaillierter ausgearbeitet und oft ins Groteske verzerrt; die Mystiker aber haben solche Schilderungen scharf abgelehnt. Sie vergeistigten das Paradies, sahen aber seinen Widerschein hier auf Erden. Getreu der koranischen Botschaft Gottes: „Wir werden ihnen Unsere Zeichen zeigen in den Horizonten und in ihnen selbst!" (Sure 41, 53), fanden sie Hinweise auf Gott in allem Geschaffenen. So wurde der Garten tatsächlich zu einem Symbol des Paradieses, und das geliebte Wesen konnte wiederum zu einem Spiegel des Gartens werden. Gab es nicht einen dem Propheten Muhammad zugeschriebenen Satz, dass man geistige Freude dadurch finde, dass man auf drei Dinge schaut: „Wasser, Grünes und ein schönes Gesicht"?

Der Koran hatte festgestellt, dass alles Geschaffene Gott anbetet, seien es Pflanzen oder Tiere oder Vögel, und Mystiker wie auch viele Dichter vernahmen dieses Gotteslob aus jeder Blume. Denn jede Pflanze im Garten zeigt ihre Hingebung; die Bäume breiten die Zweige aus, als rezitierten sie die erste Sure des Korans, und:

> *Die Bäume sind beim Ritualgebet, und die Vögel singen ihre*
> *Litaneien,*
> *Und das Veilchen vollzieht die Niederwerfung im Gebet,*

sagt Rumi. Der Gläubige, der sich ganz Gott hingibt, kann dieses geheime Gotteslob alles Geschaffenen vernehmen, so wie es im 9. Jahrhundert der ägyptische Mystiker Dhu'n-Nun in einem seiner Gebete ausdrückt:

> *O Gott, niemals lausche ich auf die Stimme eines Tieres oder*
> *das Rauschen eines Baumes, das Sprudeln von Wasser oder den*
> *Sang eines Vogels, das Brausen des Windes oder das Grollen des*
> *Donners, ohne zu finden, dass sie Deine Einzigkeit bezeugen*
> *und darauf hinweisen, dass es keinen gleich Dir gibt, dass Du*
> *der All-Umfassende, der Allwissende bist.*

Und noch immer wird in Istanbul die Geschichte von Sünbül Efendi aus dem 17. Jahrhundert erzählt, der einmal seine Jünger mit dem Auftrag ausschickte, Blumen zur Schmückung des Konvents zu bringen. Alle kamen mit wunderbaren Sträußen, nur einer, Merkez Efendi, brachte ein verwelktes Blümchen.

> *Als man ihn deshalb tadelte, antwortete er: „Ich sah, dass alle*
> *Blumen damit beschäftigt waren, Gott zu preisen. Wie konnte ich*
> *sie dabei stören? Nur eine hatte gerade ihr Gottgedenken beendet,*
> *und die habe ich mitgebracht."*

Selbst Dichter, die man nicht als besonders fromm kennt, wie Ibn ar-Rumi in Bagdad im 10. Jahrhundert, empfanden doch, dass jede Blume ihr Gesicht dem Schöpfer zuwendet. Besonders schön hat Yunus Emre den „Rosenkranz der Blumen" besungen:

> *Aller Frühling tut sich auf; Blumen beten Rosenkranz.*
> *Wählen sich einander aus – Blumen …*
> *Tulpen denken Gottes stets,*
> *wenn sie auf dem Pfade gehn,*
> *wenn sie Gottes Schönheit sehn – Blumen …*
> *Gold'ne Blüten denken Sein,*
> *dunkles Veilchen dankt Ihm fein,*

alle Gärten, Wiesen, Rain – Blumen…
Rosen blicken und sie kreisen
und betrachten diese Weisen,
neigen sich vor diesen Weisen – Blumen…
Malve stolz im Raume steht:
„Komm, vergiss nicht das Gebet!"
„Herr, verlasse uns doch nicht!" – Blumen…
Selbst die Lilie hoch im Rat
beugt den Hals auf diesem Pfad,
wie es jedem Diener ziemt – Blumen beten Rosenkranz.

Auch der Mensch kann als Abbild des ewigen Gartens gesehen werden. Abu'l-Husain an-Nuri, der Bagdader Sufi (gest. 907), hat das
Herz als Garten beschrieben, das durch den Regen der Gnade ge-
segnet, durch den Hagel des Gotteszornes zerstört wird; und das
Wasser des Gottgedenkens lässt die zarte Pflanze oder den duftenden Baum „Gott" im Herzen wachsen und blühen. Oder aber man
sah das Herz als Baum, der vom Wind, *bād*, des Gottgedenkens,
yād, bewegt wurde – ein Bild, das umso passender ist, als das materielle Herz des Menschen entsprechend seiner äußeren Form im
Arabischen als *al-qalb aṣ-ṣanaubarī* bezeichnet wird, „das Herz,
das die Form eines Pinienzapfens hat."

So wird auch der irdische Garten für diejenigen, die Einsicht
haben, zu einem Platz, wo sich die göttliche Gnade manifestiert:

Die Gnade stammt von Gott, aber die Menschen dieser Welt
können sie ohne den Schleier „Garten" nicht entdecken.

So sagt Rumi, während Mirza Ghalib in Indien (gest. 1869) mit
einem weniger religiösen, aber interessanten Bild den Garten als
„Grünspan auf dem Spiegel des Lenzwindes" bezeichnet – der Lenzwind ist, wie ein ganz stark polierter Metallspiegel, unsichtbar, doch
wird seine Wirkung im Grün des Gartens sichtbar: Die absolute
geistige Schönheit braucht das Materielle, um erkennbar zu werden.

Jeder Garten konnte als kleines Paradies, als *dschunaina,* erscheinen; doch man sollte nicht vergessen, dass der Koran auch die irdischen Gärten als Zeichen der Schöpfermacht erwähnt (so in Sure 55, 1 und mehrfach), und *Iram dhāt al-ʿImād,* „das säulenreiche Iram", das infolge der Sünden der Bewohner vernichtet wurde, erscheint als herrlicher Garten in Sure 89, 6. Zeigen nicht Obstbäume und Palmen ebenso wie Getreide die schöpferische Aktivität Gottes? (Vgl. Sure 56, 9; 56, 99 ff; 13, 4.)

Und wenn im erhofften Paradies alle Sinne vergeistigte Genüsse finden, so ist auch der irdische Garten eine Freude für alle Sinne: die Farbe der Blumen erquickt das Auge, der Sang der Vögel das Ohr und der Duft die Nase, und sicher kam bei den Gartenfesten auch der Geschmackssinn auf seine Kosten, und die sanfte Oberfläche des Rasens, die seidigen Blütenblätter erfreuten die tastende Hand …

Selbst der kleine Innengarten in den Häusern des Orients und Andalusiens wurde zum Paradiesgarten, in dem sich die Bewohner des Hauses erquicken konnten, geschützt vor den Blicken der Uneingeweihten, und wiederum spiegelten die Blüten dieses Gartens das geliebte Wesen mit Rosenwangen, Narzissenaugen und Hyazinthenlocken – und die Geliebte wurde so für den Dichter ein Symbol für das Paradies, wurde „seiner Wünsche Blumengarten".

Mit den Paradiesvorstellungen hängt es zusammen, dass auch die großen Mausoleen der islamischen Welt von Gärten umgeben sind. So konnte man annehmen, dass die teuren Verstorbenen bereits zwischen Tod und Auferstehung einen Vorgeschmack der Seligkeit empfinden würden. Denn nach Überzeugung vieler Frommer ahnt die Seele bereits im Grab ihr künftiges Schicksal: Das Grab der Guten ist weit und angenehm, während die Sünder schon im Zwischenreich in engen, dunklen Räumen leiden, geplagt von Ungeziefer und widerlichem Getier. Diese Anschauungen spiegeln sich in vielen Erzählungen wider, in denen der Verstorbene den Hinterbliebenen im Traum erscheint und von seinem Leben im Zwischenreich berichtet.

Hatte der Prophet nicht gesagt: „Zwischen meinem Minbar und meinem Grab ist ein Garten, *rauḍa*, von den Paradiesgärten"? Und sein Mausoleum in Medina wird als *rauḍa* bezeichnet.

Um dem Verstorbenen Himmelsdüfte zu senden, pflanzte man gern wohlriechende Pflanzen um ein Mausoleum, und bei dem einst von duftenden Blüten umgebenen Grabbau Yusufs III. von Granada findet man die Inschrift: „Mögen Regenwolken sein Grab bewässern und beleben, und möge der feuchte Garten ihm frische Düfte bringen!"

Dass die Mausoleen häufig im Zentrum eines von vier Wasserläufen durchflossenen Gartens erbaut wurden, ist ebenfalls ein Hinweis auf ihre Rolle als Vorbereitung des Paradieses.

Aber noch mehr: das sich jährlich wiederholende Erlebnis des Frühlings oder, in heißen, halb-ariden Gebieten, der ersehnten Regenzeit, war ein Hinweis auf die Realität der Auferstehung, wie es der Koran angedeutet hatte. Denn eine „Auferstehung" war ja erkennbar beim Sprießen des Grases, das „mit grünen Zungen davon Kunde gab", ebenso wie dem Sprießen der Blumen:

Wenn Hyazinthen und Lilien aus dem Staub sprießen,
so sind es die Locken der Geliebten und die Wangen der Reizenden,

heißt es schon in der frühesten Periode der persischen Poesie. Im 18. Jahrhundert singt Mir Dard in Delhi:

Nicht verwunderlich, dass Rosen
sprossen aus dem Staub,

da so viele Rosenleiber
schlummern unterm Staub.

Hundert Jahre später beginnt sein Landsmann Mirza Ghalib eines seiner bekanntesten Urdu-Gedichte mit der Bemerkung:

Nicht alle, einige nur erschienen in Tulpen und Rosen.
Wie viele Formen sind wohl noch unter dem Staube verborgen?

Ist nicht die Erde, in die man die Toten legt, ein Schatzhaus, in dem sie schlummern, um eines Tages wieder in verwandelter Form zu erscheinen? Jedes Stück Erde ist ja, wie Omar Chayyam in seiner skeptischen und Attar in seiner mystischen Poesie singt, das Überbleibsel eines Menschen, der dann, wenn Gott will, wieder als Blüte, als Gras erscheinen kann, um vom ständigen Vergehen und immer erneuter Schöpfung Kunde zu geben. Doch wenn Chayyam und andere Skeptiker in diesem Gedanken eher etwas Trostloses sehen, so erfüllte er die Frommen mit der Hoffnung auf einen neuen Blütenfrühling im Garten, der so als irdisches Paradies den Toten und den Lebenden gleichermaßen gehört.

Dazu kommt der Gedanke, dass die Blumen, die aus dem Grabe eines Menschen sprießen, von seinen Vorlieben, seinem Charakter Zeugnis ablegen.

Keine Narzisse ist es, die auf dem Grab mir erblüht –
weiß-blind wurde mein Auge, das auf dem Weg dich erharrt!

sagt der indo-persische Manierist Qasim-i Kahi. Die weiße Narzisse gilt oft als blindes Auge (s. S. 102), und der Dichter behauptet hier, er starre auch nach seinem Tode auf den Weg in der Hoffnung, dass seine Geliebte vielleicht eines Tages doch noch zu ihm kommen werde. – Tulpen sprießen aus den Gräbern der Märtyrer und erinnern an deren Blut; doch auch ein leidenschaftlicher Dichter wie Iqbal hoffte, dass aus seinem Grabe Tulpen wachsen würden, um von seiner feurigen Liebe für die Erneuerung des Islams zu künden.

Die Herzensglut aber der Liebenden zeigt sich in roten Rosen. Yahya Kemal mag daran gedacht haben, wenn er schreibt:

Im Hag, wo das Grab des Hafis liegt, dort erblühen
noch jeden Tag Rosen mit blutroten Säumen;
dort weint noch die Nachtigall süß in Morgenfrühen –
die Weise lässt von dem alten Schiras uns träumen …

Und wo könnte man schönere Rosen finden als in den Gärten von Schiras, an den Mausoleen der großen persischen Dichter?

Einmal in der islamischen Geschichte soll es vorgekommen sein, dass die Vorstellung vom irdischen Abbild des Paradiesgartens politisch ausgenutzt wurde. Es wird erzählt, Hasan-i Sabbah, der persische Ismaili-Führer (gest. 1099), habe auf seiner Burg Alamut im unwirtlichen nördlichen Iran einen unbeschreiblich schönen Garten angelegt. Die ihm ergebenen Männer sollen in berauschtem Zustand in diesen Garten gebracht worden sein, wo sie erwachten und sich in einem Paradies wähnten, das in nichts der herben Gebirgslandschaft ähnelte, die die Burg umgab. Sie fanden alles Wünschenswerte darin, und wenn sie später, wiederum nach Betäubung, in der Burg erwachten, wurde ihnen gesagt, sie könnten dieses Paradies gewinnen, wenn sie die Befehle des Meisters in unbedingtem, fraglosem Gehorsam ausführten. Auf diese Weise sollen die Getreuen Hasan-i Sabbahs zu ihren durchaus nicht religiösen Aufgaben verlockt worden sein; wir kennen sie als die Assassinen.

Auch sonst benutzten die Herrscher ihre Gärten manchmal zu politischen –wenn auch nicht so finsteren – Zwecken.

Fürstliche Gartenanlagen

In vielen Geschichten aus den Märchen der Tausendundeinen Nacht sieht der Leser die Kalifen und die edlen Damen, und manchmal auch weniger edle Mitglieder der Gesellschaft, durch Gärten wandeln, Wein trinken und sich den verschiedensten Genüssen hingeben. Der Garten war ein unverzichtbarer Teil des Palastes, und was die arabischen Historiker des Mittelalters über die Gartenanlagen mancher Kalifen berichten, erscheint dem modernen Leser fast wie ein Märchen.

Zu jedem Palast gehörten mehrere Gärten, die besonders beim Besuch fremder Gesandtschaften oder bei anderen wichtigen politischen Ereignissen erwähnt werden. Dort sollte die ganze Macht des Herrschers möglichst eindrucksvoll dargestellt werden. Natürlich wurden sie auch sonst benutzt, vor allem für fröhliche Zusammenkünfte – schon in Hira, der Residenz der vorislamischen Dynastie der Lachmiden (die politisch von Iran abhingen), wurde so gefeiert; und der dortige Hofpoet al-A'scha hat bereits um 600 die bei den Gelagen verwendeten Blumen des Gartens besungen.

In der Mitte des 9. Jahrhunderts ließ der abbasidische Kalif al-Mutawakkil etwa 100 km nördlich der Hauptstadt Bagdad die Stadt Samarra erbauen, in der besonders große Gärten angelegt wurden. Wir erfahren, dass er bei Festlichkeiten sogar die Gartenwege mit Teppichen auslegen ließ, und die Kostbarkeit eines riesigen Teppichs, der anlässlich der Beschneidung seines Sohnes im Garten bis in die Vorhalle des Schlosses ausgebreitet wurde, erstaunte Fachleute und Besucher gleichermaßen. Bei eben dieser Beschneidungsfeier ließ der Kalif unter anderem nicht nur gewaltige Mengen von Früchten bringen – darunter spanische Orangen und syrische Äpfel –, sondern auch 5000 Narzissensträuße und 10 000 Veilchensträuße, ganz abgesehen von dem Geld, das an die

Gäste verteilt wurde. Bei höfischen Gelagen gab es kostbare Blumenarrangements.

Den größten Prunk entfalteten die Kalifen, wenn es galt, fremde Botschafter zu empfangen. Der Besuch von zwei byzantinischen Gesandten bei al-Muqtadir im Jahre 917 wird von vielen arabischen Historikern in allen Einzelheiten berichtet.

Die beiden Byzantiner, die kamen, um einen Friedensvertrag auszuhandeln und die Freilassung von Gefangenen vorzubereiten, wurden zunächst zu dem Wesir Ibn al-Furat und dann zu dem jungen Kalifen gebracht. Sie konnten kaum fassen, was sie sahen: Ein Garten nach dem anderen erstreckte sich zwischen den Palästen; es gab einen Tierpark, dessen zahme Tiere ihnen ohne Scheu nahe kamen, und es gab Elefanten und zwei Giraffen (das war für sie fast das Erstaunlichste!); schließlich gelangten sie in ein Areal, wo hundert Löwen mit ihren Wächtern standen. Im Zentrum eines Pavillons zwischen zwei Gärten lag, wie auch an anderen Plätzen, ein schöner Teich, und die Besucher erblickten 400 Palmen von völlig gleicher Höhe, deren Stämme mit Teakholz umkleidet waren. Eisgekühlte Getränke wurden ihnen kredenzt. (Das Eis wurde damals von Eilboten aus dem Gebirge gebracht.) Es gab Springbrunnen, deren Wasser mit Moschus und Rosenwasser parfümiert war.

Von einem Kalifen, der einige Jahre später regierte, al-Qahir, berichtet Mas'udi, er habe einen Garten gehabt, in dem er Bäume aus Basra, Oman und Indien pflanzte, und „die Bäume verzweigten sich, und ihre Früchte sahen aus wie rote und gelbe Sterne ..." Auch gab es die verschiedensten Vogelarten – Tauben, Amseln, ja sogar Papageien und viele andere, die aus dem In- und Ausland herbeigebracht worden waren. Der nächste Kalif, al-Hadi (933–940), ließ alte Bauten niederreißen und auch neue Parks anlegen.

Die Gärten der Hamdanidenfürsten von Aleppo, die zur gleichen Zeit herrschten, werden in den Versen von Sanaubari und Kuschadschim besungen, und in Mosul gab es ebenfalls im 10. Jahrhundert schöne Gärten am Flussufer.

Die Tuluniden von Ägypten, denen die Abbasiden die Verwaltung des Landes übergeben hatten, liebten ebenfalls Gärten, vor allem Chumarawaih.

Besonders gut sind wir über die Gartenliebe des letzten Mamlukensultans Qansauh al-Ghuri (reg. 1501–1516) unterrichtet, der sich noch zu einer Zeit, da sein Reich vor dem Zusammenbruch stand, an seinem Garten erfreute. Ibn Iyas, dem wir eine detaillierte Chronik der letzten Jahrzehnte des Mamlukenreiches verdanken, berichtet als Augenzeuge:

Um die Jahreswende 1506/1507 erhielt der Sultan aus Syrien Holzkisten, in denen Bäume mitsamt der Erde waren: syrische Äpfel und Birnen, Quitten und Kirschen und Weinstöcke, auch blühende Sträucher, wie weiße Rosen, Lilien, Iris und andere syrische Blumen. Ja, sogar eine Kokospalme mitsamt der Erde wurde geschickt!

Er ließ all diese Pflanzen in dem Hippodrom unter der Zitadelle pflanzen – etwa 150 Kamelladungen… Der Sultan war nämlich ganz versessen darauf, Bäume zu pflanzen und Blumen und Gärten zu betrachten.

Wenige Jahre später, im April 1510, war der Garten so weit herangewachsen, dass man darin Feste feiern konnte. Ibn Iyas schreibt:

In diesem Jahr wuchsen die Bäume, die der Sultan im Hippodrom gepflanzt hatte, und die Pflanzen, die er gesetzt hatte, blühten: Rosen und Jasmin, Ban (ägyptische Weide) und Iris und weiße Lilien und andere seltsame Blumen. Ich habe mit eigenen Augen eine weiße Rose mit starkem Duft gesehen, die war ganz anders als die Rosen in Ägypten; sie war aus Syrien importiert und hatte zur Sommerzeit geblüht, als der Nil stark im Steigen war. Es ist eine seltsame Sorte, die man in Ägypten nicht findet.

Der Sultan hatte eine große Estrade errichtet, mit Einlegearbeiten
aus Elfenbein und Ebenholz, und hatte darauf einen Samtsitz
mit Lederteppichen gelegt. Da saß er, während die Jasminzweige
ihn beschatteten und schöne Mamluken um ihn standen, mit
Wedeln in der Hand, um die Fliegen von ihm abzuwehren.
In den Bäumen hatte er Käfige mit Singvögeln aufgehängt, Nach-
tigallen, Holztauben, Sprosser, Lerchen, Tauben und Ringel-
tauben und andere Singvögel, und zwischen den Bäumen liefen
abessinische Hühner, Rebhühner und andere Vögel herum. Hin
und wieder setzte er sich an das Becken, das vierzig Ellen lang
war und mit Hilfe der Wasserräder am Aquädukt, die Tag und
Nacht in Betrieb waren, täglich mit Nilwasser gefüllt wurde. Dort
saß er dann an den meisten Freitagen auf einem Thron, und
keiner der Emire kam zu ihm, es sei denn, er wollte ihn um sich
haben... Dieses Hippodrom war wirklich ein Paradies auf Erden.

Am Neujahrstag des Jahres 916, dem 10. April 1510, aber lud er die
großen Emire (es gab deren 24) zum Gratulationsempfang in den
Garten ein:

Als alle anwesend waren, ließ der Sultan eine Serviette bringen,
in der Rosen aus dem Garten des Hippodroms waren. Er
nahm eine dieser Rosen, roch daran und reichte sie dem Atabeg
Qorqmas. Der erhob sich, nahm sie und küsste den Boden.
Dann nahm der Sultan eine andere Rose, roch daran und reichte
sie dem Waffen-Emir. Der erhob sich, nahm sie und küsste den
Boden...

So erhielt jeder der großen Emire, die die Elite des Mamlukenreiches darstellten, eine Rose, und der Chronist fand es – zu Recht! –
merkwürdig, dass diese Männer, deren jeder tausend Soldaten
kommandierte, um einer Rose willen den Boden küssten.

Manchmal ließ der greise Herrscher – Qansauh war damals über
achtzig – Teppiche im Garten auslegen und Rosen und Jasmin-

blüten in das Wasserbecken streuen, während Lampen in den Bäumen hingen und sacht im Winde schaukelten.

Damit endete die „Blumenperiode" in Ägypten, denn wenig später wurde das Mamlukenheer im August 1516 von den osmanischen Türken in Nordsyrien geschlagen. Die Türken freilich erwiesen sich ebenfalls als leidenschaftliche Blumenliebhaber.

Und fast zur gleichen Zeit, da die Pracht der Kairoer Gärten zu Ende ging, verloren auch die andalusischen Gärten ihre letzten Besitzer – bei Abschluss der Reconquista 1492.

Andalusien war durch die arabische Herrschaft zu einem Gartenland geworden. Noch sieht man die Überreste der Gärten von Madinat az-zahra nahe Córdoba, und es ist bekannt, dass viele Informationen über Pflanzenbau Europa durch die Muslime Andalusiens erreichten. Die umfangreiche Poesie, die von den Freuden des Gartens singt, ist ein Zeugnis für die Wichtigkeit des „kleinen Paradieses", in dem, wie im Osten, die Wasserläufe und das Wasserbecken eine wichtige Rolle spielen. Man kann aus einigen Bemerkungen schließen, dass der Garten idealerweise rechteckig war. Gartenpavillons sollten so angelegt werden, dass der Bewohner oder Besucher einen möglichst weiten Blick über die Blumenbeete hatte und dass die Brise ihn kühlen konnte. (Es gibt übrigens – wenn auch nicht in Spanien – mittelalterliche Miniaturnachbildungen solcher achteckigen Pavillons in farbiger Keramik.) Die Pavillons spiegelten sich in den Kanälen, neben denen erhöhte Wege führten, von denen aus man auf die Blumen und die umgebenden Hecken (Myrte oder Lorbeer) blicken konnte. Die Wege waren manchmal mit farbigen Fliesen ausgelegt.

Oft gehörte zu den Gartenanlagen auch ein so genanntes ḥair, ein Platz für Tiere – ähnlich wie das im Osten der Fall war; der ḥair az-Zajalli in Córdoba ist von Ibn Chaqan ausführlich beschrieben worden.

Auch Sevilla konnte sich im 12. Jahrhundert großer Gartenanlagen rühmen; aber die einzige Gartenanlage, die noch vorhanden ist, ist der Löwenhof der Alhambra, doch auch er entspricht, wie alle Restaurationsversuche andalusischer Gärten, nicht dem klassischen Original. Immerhin lässt der Löwenhof den Besucher etwas von den Idealen ahnen, die im Spätmittelalter solche Anlagen inspirierten; und die Inschriften, arabische Verse, in denen die Objekte sich selbst beschreiben, lassen ahnen, was der Fürst empfunden haben mag, wenn er in solchen Gartenschlössern weilte.

Auch Nordafrika und Sizilien nahmen an der Gartenkultur teil: Raqqada, in der Nähe von Kairouan, hatte seit dem 9. Jahrhundert eine weite Gartenanlage mit einem 80 × 80 m großen Wasserbecken, und die Hafsiden von Tunis führten diese Tradition fort und legten weite Gärten an. Ibn Chaldun (gest. 1406) hat den Gärten von Tunis einen ungewöhnlich langen Abschnitt seines historisch-philosophischen Werkes gewidmet, in dem er eine Art Wald beschreibt, wo die Obstbäume teils frei, teils auf Spalieren stehen und in dessen Mitte ein von Blumen umgebener großer Teich liegt.

Auch in den folgenden Jahrhunderten pflegten nordafrikanische Herrscher wie die Meriniden den Gartenbau; sie schmückten Fez mit großen, zum Teil terrassenförmigen, Gartenanlagen. Solche *agdāl,* die zu dem Palastbesitz gehörten, wurden oft für Obstbau und Blumenzucht verwendet, und der Ertrag aus dem Verkauf ihrer Produkte kam der fürstlichen Schatulle zugute; das war jedoch bei den direkt zum Palast gehörenden Gärten nie der Fall. Alte *agdāl* wurden in Marrakesch 1824 restauriert; sie hatten in der Regel umfangreiche Reservoirs, die auch für Bootsfahrten genutzt werden konnten.

Ein ähnlich großes Interesse am Gartenbau findet man im persisch-zentralasiatischen Raum. Iran war schon in vorislamischer Zeit für seine Gärten berühmt gewesen, und bereits im islamischen

Frühmittelalter berichten die Chronisten von Gartenanlagen. So legte der Seldschukenherrscher Malik Schah 1072 in Isfahan einen viergeteilten Garten an, in dem jede Abteilung andere Blumen enthielt. Für die mongolischen Eroberer und die Timuriden gehörten Gärten zum Leben – Gärten, die sie, auch nachdem sie feste Herrschaftssitze erbaut hatten, an die Weite der Steppe erinnerten. Freilich, Ghazans Garten, der 1302 in der Nähe von Tabriz eröffnet wurde, war offenbar ein Kunstwerk, das eine Vorbereitungszeit von drei Jahren erfordert hatte. Aber die zahlreichen Gärten, die Timur im gleichen Jahrhundert nahe seiner Hauptstadt Samarkand errichtete, ersetzten gewissermaßen das traditionelle Heerlager, und sie waren groß genug, um dort Zelte aufzustellen und die wichtigsten Aufgaben des Herrschers – wie den Empfang von Gesandten – wahrzunehmen. Timur ließ jeweils einen großen Garten für eine neue Ehefrau anlegen. Es heißt, auch er habe neun Gärten gehabt, was mit der Wichtigkeit der Zahl Neun in der türkisch-mongolischen Tradition zusammenhängt – ein neunfaches Schema für wichtige Bauten wie Humayuns Mausoleum in Delhi mit seinem neungegliederten Grundriss erinnert daran –, und der Tschārbāgh, der klassische Vierer-Garten, konnte durch Verdoppelung der Rabatten zum achtfachen Garten, Sinnbild des Paradieses, werden, in dessen Zentrum das Mausoleum oder der Pavillon die neunte Einheit war.

Die Gärten der Timuriden von Herat waren weitberühmt, und nicht nur die Herrscher, wie Sultan Husain Baiqara (gest. 1506), sondern auch die Großen des Reiches suchten sich mit prachtvollen Gärten zu übertreffen – kein Wunder, dass die Blumensymbolik in der dort entstehenden Poesie besonders reich ausgeprägt ist.

In den folgenden Jahrhunderten legten die Safaviden in Iran Gärten an – man denke an die Anlagen im Isfahan von Schah Abbas, die von europäischen Reisenden und Künstlern beschrieben und auch bildlich dargestellt wurden. Das Gleiche gilt für den *bāgh-i fīn* in Kaschan, der, wie manche Gelehrte vermuten, das Vorbild für einen der reichsten Gartenteppiche war.

Adam Mez hat von der „Blumenliebe der Türken" gesprochen, und ebenso wie die Timuriden und, ihnen folgend, die türkstämmigen Mogule Gartenliebhaber waren, so auch die Osmanen, die nicht nur dekorative Baumgruppen von Platanen, Zypressen, Pinien und anderen Bäumen nahe den Moscheen und Palästen anpflanzen ließen, sondern immer eindrucksvollere Blumengärten anlegten.

Die in der weiten Anlage des Topkapi Sarays in Istanbul verstreuten Pavillons lassen ahnen, wie in früheren Zeiten das gesamte Palastareal ein mit mannigfaltigen Pflanzen bedecktes Gebiet war. Istanbul war in der Tat eine Gartenstadt, wie es auch aus den Holzschnitten Melchior Lorichs hervorgeht, der die Stadt im 16. Jahrhundert „porträtierte". Doch legten die Osmanen auch Grünflächen an, in denen sich die Untertanen ergehen und erfreuen konnten – eine Maßnahme, die durchaus ungewöhnlich war, denn viele meinten, die Gärten sollten, wie das Paradies, nur den Auserwählten zugänglich sein. Blumen blühen auch auf Samten und Seiden, auf türkischer Keramik und auf Stickereien, und auch heute noch wird der Besucher von den Gärten am Bosporus verzaubert oder empfindet etwas vom Paradies in der Nähe der osmanischen Mausoleen in Bursa, wo

des Himmels Blau, das Grün der eb'nen Flur
und jene göttlichste Architektur

den Garten für einen Augenblick in einen Traum vom Paradies zu verwandeln scheinen.

Wohl am besten dokumentiert sind die Gärten der Großmoguln in Indien. Babur, der Begründer der Dynastie (reg. 1526–1530), kannte Gärten aus seiner Heimat, dem Farghana-Tal im heutigen Usbekistan, und hatte die Gartenanlagen seines Ahnen Timur in Samarkand und die seiner Verwandten in Herat gesehen. So gehörte zu seinen ersten Unternehmungen nach der Eroberung Kabuls die Anlage eines Gartens (1508), viele andere folgten. Beim Vordringen in den Nordwesten des indischen Subkontinents legte er 1519 einen Garten in Kallakahar in der Salt Range an. Er mochte die indische Landschaft nicht und suchte sie durch Gärten zu verschönern. Über seine erste Residenz Agra schreibt er:

In diesem reizlosen, unordentlichen Indien wurden Gärten
in Ordnung und Symmetrie mit passenden Rändern und Beeten
in jeder Ecke angelegt, und an jedem Rand Rosen und Narzissen
in perfekter Anordnung.

Eine Miniatur in „Baburname" zeigt den jugendlichen Herrscher bei der Überwachung einer Gartenanlage, begleitet von dem Architekten mit einem Plan in der Hand, und überall graben, pflanzen und bewässern Gärtner das Land. Hibiskus und Oleander werden gepflanzt, Obstbäume eingeführt.

Unter Baburs Nachfolgern wurde die Gartenkunst weiter gepflegt. Sein Sohn Humayun hatte während seines Exils in Iran sicher die dortigen Gärten kennen gelernt, lebte aber nach seiner Rückkehr nach Indien nicht lange genug, um selber Gärten anzulegen. Doch Miniaturen zeigen ihn in lieblicher Auenlandschaft, wo er sich, wie wir aus dem Werk seiner Schwester Gulbadan wissen, mit seinen Damen an der Natur erfreute; er wird auch in einem Baumhaus dargestellt.

Unter Akbar (1556–1605) wurden die Hauptstädte des Reiches – Delhi, Agra, Fathpur Sikri und Lahore – mit Gartenanlagen geschmückt, deren Aussehen man aus zahlreichen Illustrationen literarischer Werke erschließen kann. Zur Zeit seines Sohnes und Nachfolgers Dschahangir erreichte die Gartenkultur einen ersten Höhepunkt. Der an Naturkunde interessierte Herrscher ließ alle ihm wichtig erscheinenden Bäume, Blumen und Tiere von seinen Hofmalern porträtieren, so dass wir über die Flora und Fauna Nordindiens und vor allem Kaschmirs im 17. Jahrhundert gut unterrichtet sind, umso mehr, als der Herrscher auch in seinem Tagebuch Eintragungen über Blumen und Tiere gemacht hat.

Dschahangir ließ die Gärten in Kabul erneuern – diese Stadt, in der Babur in einem Gartengrab beigesetzt worden war, hatte damals sieben Gärten; einige davon waren von den Damen des Herrscherhauses errichtet. Von den Parkanlagen, die der kunstsinnige Fürst anlegen ließ, besteht heute noch, etwa 30 km von Lahore entfernt, Hiran Minar, das Mausoleum seiner Lieblingsgazelle.

Auch in Adschmir ließ Dschahangir am Ufer des Ana Sagar Marmorpavillons bauen und verwandelte das Gebiet in einen schönen Park.

Sein Sohn Schah Dschahan ist als Erbauer des Tadsch Mahal in Agra berühmt, jenes Mausoleums für seine Frau Mumtaz Mahal, die bei der Geburt ihres vierzehnten Kindes 1631 starb. Die Anlage mit ihrem Park und dem Wasserlauf, in dem sich das fast durchsichtig scheinende Mausoleum spiegelt, ist zum Inbegriff des idealen „Paradies"-Gartens geworden. – Bei der Grabanlage von Schah Dschahans Großvater Akbar in Sikandra aber wird der Weg zum Mausoleum von einer Zypressenavenue gebildet. Schah Dschahan errichtete auch große neue Stadtviertel in Delhi, und im Fort der Stadt gab es einen Mahtab-Bagh, „Mondlicht-Garten", ausschließlich mit hellen Blumen, und einen Ḥayātbachsch-Garten, „Leben schenkend", in dem nur leuchtend rote und dunkelrote bzw. violette Blumen standen.

Besonders interessant sind die von den Damen des Herrscherhauses angelegten Gärten, seien es Nur Dschahans Anlagen am Ufer der Jumna, seien es die von Schah Dschahans Tochter Dschahanara in Agra, Delhi und Kaschmir. Doch nicht nur Prinzessinnen, sondern auch andere dem Hof nahestehende Damen stifteten Gärten – noch heute kann man in Lahore den von Schah Dschahans Amme angelegten Gulabi-Bagh-Pavillon mit seinen bunten Fliesenornamenten bewundern, wenn auch, wie in den meisten Fällen, das eigentliche Gelände längst zugebaut ist. Die einst so berühmten Gärten der Zebunnisa, Aurangzebs Tochter (gest. 1681), in Lahore sind bis auf ein paar Mauerreste verschwunden; die Fliesen am früheren Eingang zeigen Blüten und Blumenkörbe in leuchtenden Farben.

Die Moguln errichteten ihre Gärten vorzugsweise an Strömen und Gewässern. Das gilt vor allem für Kaschmir, das zur Sommerresidenz der Moguln wurde, nachdem Akbar es 1584 seinem Reich einverleibt hatte. Es war für seine Früchte berühmt, wie es auch das Zentrum des Safrananbaus war. Die hügelige Landschaft erlaubte die Anlage terrassenförmiger Gärten, in denen das Wasser durch verschiedene Ebenen geleitet wurde. Ihr Aufbau glich dem der Paläste: Die unterste Ebene war dem Volk zugänglich, die mittlere entsprach dem *Dīvān-i chāṣṣ*, zu dem der Adel und ausgesuchte Mitglieder der Gesellschaft Zutritt hatten, während die oberste Ebene den Privatgemächern des Herrschers vorbehalten war. Oft wurde dieser Teil von einem eleganten Pavillon gekrönt. Der Nischat Bagh, den Dschahangirs Schwiegervater Asaf Khan erbaut hatte, war in zwölf Terrassen entsprechend den zwölf Sternzeichen eingeteilt.

„Kaschmir", so schrieb Dschahangir, „ist ein Garten ewigen Frühlings!" Auch jetzt, da die Gärten viel von ihrer ursprünglichen Schönheit verloren haben, können Fotos und, aus früherer Zeit, die Verse der Hofpoeten uns einen schwachen Eindruck von ihrer ursprünglichen Schönheit geben. Die gewaltigen Platanen wurden von den Miniaturmalern besonders liebevoll gemalt, und Bildchen ihrer Blätter finden sich bis heute auf den Pappmaché-Schachteln, die ein beliebtes Produkt des Kaschmirer Kunsthandwerks sind.

Der bekannteste Park Kaschmirs war Schalimar, aber in den Jahren 1641–52 ließ Schah Dschahan einen Schalimar-Garten in Lahore bauen, der mit hundert Fontänen geschmückt war. Der Architekt Ali Mardan Chan ließ Wasser über mehr als 100 km von den Vorgebirgen Kaschmirs in die Ebene leiten, um auch im flachen Lahore das Idealbild des dreigeteilten Gartens zu schaffen. Es galt, das Wasser in drei große Reservoirs zu leiten, deren mittleres etwa 60 m lang ist. Zwischen den Reservoirs sind Fußpfade aus im Zickzackmuster gelegten Ziegeln gebaut; die Einfassungen der Becken weisen das Lotosblütenmotiv auf. Kleine Kaskaden fließen über Schrägen oder an Wänden mit Nischen vorüber, die tagsüber mit

Blumen geschmückt, nachts von Lampen erleuchtet waren – und trotz zahlreicher Umbauten im Laufe der Jahrhunderte wird Schalimar, zum Weltkulturerbe ernannt, bei Festlichkeiten noch immer reich illuminiert – was auch für die Gärten innerhalb des Forts von Lahore gilt.

Hohe Würdenträger erbauten ebenfalls Gärten; man hört von dem *Fatḥ Bāgh*, den der Oberkommandierende des Mogulheeres, Chanchanan Abdar Rahim, 1575 nach einem Sieg in Ahmadabad anlegen ließ; dieser Garten war, ebenso wie der Park, den er in seiner späteren Residenzstadt Burhanpur erbaute, für die Bevölkerung zugänglich, was durchaus nicht die Regel war. Dass seine Tochter einmal den durch die Sommerhitze ausgedörrten *Fatḥ Bāgh* bei einem Besuch Kaiser Dschahangirs mit grünsamtenen Teppichen auslegen und die Bäume mit grüner Seide umwickeln ließ, ist ein etwas erstaunlicher Aspekt der Gartenliebe.

Man Singh, der andere Oberkommandierende des Mogulheeres, ein Freund des Chanchanan, ließ nicht nur die Stadt Mansehra anlegen, sondern auch die in jüngster Zeit restaurierten Gartenanlagen von Wah auf dem alten Weg von Lahore nach Kaschmir. Dieser Garten soll, wie es heißt, die Kulisse zu Thomas Moores Romanze „Lalla Rukh" bilden.

Auch die südindischen muslimischen Reiche konnten sich großer Gartenanlagen rühmen, die, wie die Mogulgärten, in der Literatur besungen worden sind – Ali Akbar Husain gibt eine eingehende Übersicht über Lage und Anlage der Gärten in Golconda und Bijapur, in Bidar und anderswo und auch über die Spiegelung dieser reichen Gartenkultur in der Literatur des Dakhni-Urdu im 17. und 18. Jahrhundert. Dass im Dekkan eine ganz andere Flora vorkommt als im nördlichen Indien, ganz zu schweigen von Iran und Zentralasien, macht die Vergleiche besonders reizvoll. Und wer einmal nahe den Mausoleen der Qutbschahi-Herrscher im traditionellen Stil ein Gartenfest erlebt hat, versteht die Verse der Dichter besser.

TEIL II

Das lebenspendende Wasser

Und Er ist's, der das Wasser herabsendet vom Himmel; und Wir
bringen durch dieses die Keime aller Dinge heraus, und aus ihnen
bringen Wir Grünes hervor, aus dem Wir dicht geschichtetes Korn
sprießen lassen, und aus den Palmen aus ihrer Blütenscheide
niederhängende Fruchtbüschel, und Gärten von Reben und Oli-
ven und Granatäpfeln, einander ähnlich und unähnlich.

Sure 6,99 des Korans, die hier zitiert wurde, hebt das Wasser ganz
besonders hervor; denn durch das Wasser hat Gott alles lebendig
gemacht, wie wiederholt im Koran gesagt wird; es ist das Lebens-
element für die Erde und besonders für die Gärten.

So erscheint in der Literatur der islamischen Länder häufig das
Thema des Lenzregens, der die ausgedörrte Erde wieder zum
Leben erweckt – Regen ist „Barmherzigkeit", *raḥmat,* wie es in vie-
len islamischen Sprachen heißt. Und nicht umsonst wird auch der
Prophet Muhammad in der religiösen Dichtung gern als große Re-
genwolke bezeichnet, die verdorrte Herzen zum Leben erweckt. Im
Kontext der Gartendichtung aber kann der Regen auch die Groß-
mut eines zu preisenden Mäzens symbolisieren, der nicht nur den
Garten pflegt, sondern auch die Hände seiner Lobdichter so mit
Silber füllt, wie der Regen den Park mit Silber- oder Perlentropfen
bereichert.

Besonders segensreich ist der Aprilregen. Kunstvolle Metallgefäße (türkisch *nisan tasĭ* genannt) wurden angefertigt, um die kostbaren Tropfen aufzufangen und für Heilzwecke zu bewahren.

Frühlingsregen nährt das Land, aber man kann den Regen auch
als Tränen des Himmels ansehen, und das Thema, dass des Himmels Weinen die Erde lachen lässt, findet sich seit den Tagen der vorislamischen Dichter bis weit in die persisch-türkische Tradition:

Wahrlich, dieser Lenz ist etwas Seltsames:
die Erde lacht durch das Weinen des Himmels,

heißt es bei einem frühen arabischen Dichter, und wenig später singt Schahid-i Balchi:

Die Wolke weint so wie die Liebenden;
der Garten lacht, wie der Geliebte lacht,
der Donner klaget so, wie ich es tu,
wenn ich am Morgen, jammernd laut, erwacht.

So kann ein anderer früher persischer Dichter, das gleiche Thema variierend, fragen, ob der Regen vielleicht in den Garten verliebt sei, weil er mit Donnerstimme seufzt und durch seine Tränen den geliebten Garten immer aufs Neue verschönert.

Oft wurde der Regen als Weber angesehen, dessen Fäden die Beete mit bunter Seide schmücken (s. S. 66).

Wenn der Regen die farbigen Kleider des Hages webt, ist es nicht verwunderlich, dass auch die Schönheit des Regenbogens besungen wird, denn:

Wenn das Blumenkind an der Wolkenbrust gesaugt hat,
malt der Lenz dem Kind zur Freude einen Regenbogen auf die
*   Wange des Gartens,*

wie Attar meint. Doch wohl der berühmteste Vers – der mehreren arabischen Dichtern aus der Zeit um 900 zugeschrieben wird – verwendet ein noch eleganteres Bild:

Der Regenbogen stickt mit Gelb und Rot
und Grün und Weiß den trüben Wolkenflaum,
gleich Schleppen einer Maid in bunten Kleidern,
da immer kürzer ist der nächste Saum …

Anmutiger noch als die Verse über die Regenschauer sind solche, die den Tau beschreiben. Denn der Tau ist Teil der Morgenszene im Frühling; er ist „Öl für die Lampe der Blumen" (wie es im Dekkan heißt) oder eine Art Himmelsmilch, die zu trinken die Knospenkindchen den Mund auftun (Mesihi); der Tau damasziert die Schwerter der Lilien, wird zum Ohrring, zum Brautschmuck oder auch zu Knöpfen am Kleid der Tulpe.

Zur Bewässerung genügten aber die Regengüsse nicht. Zwar wurde und wird noch Regenwasser in mehr oder minder großen Reservoiren aufgefangen; doch in der ariden und halb-ariden Landschaft bedurfte es größerer Bemühungen, das Überleben der Pflanzen zu sichern. So findet man in der islamischen Welt die verschiedensten Bewässerungsmethoden. Manche Gärten lagen am Rande großer Ströme oder kleinerer Flüsse; andere wurden durch komplizierte hydraulische Systeme bewässert, wie es bei den Mogulgärten in Delhi, Agra oder Lahore deutlich wird. In Kaschmir war es leicht, die von den Bergen kommenden Wasser über Terrassen durch die Gartenanlagen zu leiten, und die von der Sierra Nevada strömenden Gewässer machten Andalusien zu einem idealen Gartenland. Im iranischen Gebiet aber hatte man die geniale Lösung der qanāt entwickelt, bei denen zur Zeit der Schneeschmelze in den Bergen das Wasser in unterirdische Kanäle geleitet wurde, die dann an bestimmten Stellen in der Ebene zutage traten. Die Gartenanlagen, die persische oder afghanische Dörfer umgeben, sind durch Lehmwälle von der umgebenden Wüstenlandschaft abgetrennt. Die Zerstörung des qanāt-Systems – wie sie z. B. beim Mongolensturm im 13. Jahrhundert stattfand – störte das gesamte Öko-System und führte zur Austrocknung und Verarmung des Landes.

Denn Wasser war wirklich „Lebenswasser" – nicht nur in den Sagen, wo der Held das Lebenswasser aus der finsteren Tiefe holt, sondern ganz allgemein. Gottesfreunde, fromme Asketen ließen sich gern nahe einem Gewässer nieder – benötigte man doch ständig Wasser, um in rituell reinem Zustand zu sein. Wasser, ein Baum (oder einige Bäume) und, wenn möglich, eine Höhle bildeten oft die ersten Standorte für ihre einfachen Behausungen, die sich im Laufe der Zeit ausdehnten und später häufig mit kleinen Blumengärten umgeben wurden, denen der „Duft der Heiligkeit" entströmte.

Auch die kleinen Patios in den Privathäusern, wo sich die Familie ungestört ergehen konnte, sind ohne das zentrale Wasserbecken nicht zu denken, und jeder Garten, wie groß oder klein er auch sein mochte, besaß solch ein Bassin und, bei größeren Anlagen, kleine Wasserläufe. Dort pflegte man zu sitzen und dem leicht bewegten Wasser zuzusehen, in dem oft Fische schwammen. Enten gab es dort, wie die Miniaturbilder der Handschriften bezeugen, und bei größeren Gartenanlagen liefen wohl Reiher, Kraniche und andere dekorative Vögel zwischen den Beeten umher. Man konnte auf erhöhten Pfaden an den Wasserläufen wandeln und die Blüten der niedriger gelegenen Rabatten von oben betrachten oder, noch lieber, auf einer der Terrassen sitzen, von denen man den Kanal mit seinen Blumenbeeten überblicken konnte. Und mit den Worten:

Manchmal wollen wir lustwandeln
an des Wasserbeckens Rand,
bald das Gartenschloss bestaunen,
welch ein Wunder dort entstand,

lud der türkische Dichter Nedim seine Geliebte ein, die 1721 im Istanbuler Raum fertig gestellten, aber schon bald wieder zerstörten Parkanlagen von Saadabad mit ihrem Schloss und den sechzig Pavillons zu besuchen. Ähnlich werden wohl Künstler in Bagdad und in Samarkand, in Granada und in Agra empfunden haben. Kleine Bootsfahrten auf Teichen oder Reservoiren dürften üblich gewesen sein (man weiß das aus der Mogulzeit); noch 1961 erlebten wir ein solches Vergnügen in einer großen Gartenanlage in Sind (Pakistan), wo Musiker in Booten die in anderen Booten sitzenden Gäste zu unterhalten hatten.

Manchmal wurden in alter Zeit die Bassins bei Festen zweckentfremdet und statt mit Wasser mit Limonade oder Scherbet gefüllt, damit die Gäste sich erfrischen konnten. Der Mogulkaiser Dschahangir ließ in zwei in Felsen gehauenen großen Becken in einem Garten in Kabul das Wasser durch Wein ersetzen. Aus der abbasidischen Zeit wird berichtet, dass ein Gartenbecken mit Quecksilber gefüllt worden sei.

In Indien waren Stufenbrunnen üblich, die mit den umliegenden Palastbezirken verbunden waren und eine bemerkenswerte Architektur – oft in Marmor – aufwiesen.

Springbrunnen waren sowohl in Spanien als auch in Mogul-Indien beliebt. Die Brunnenanlagen im Zentrum der sich kreuzenden Wasserläufe waren oft mit Figuren, vorzugsweise mit Löwen, geschmückt. Nicht nur der Löwenhof in der Alhambra ist ein Beispiel für diese besonders in Andalusien häufige Form, auch im mittelalterlichen Anatolien gab es Brunnen, bei denen das Wasser aus dem Maul eines steinernen Löwen floss, was Maulana Rumi zu einer klugen Bemerkung über die täuschende äußere Form anregte – denn wer würde wohl glauben, dass ein steinerner Löwe aus eigener Kraft Wasser speien könnte?

In den Mogulgärten der nord-indischen Ebenen legte man Terrassen an, wo das Wasser über edelsteinbesetzte Schrägen floss und dadurch wie flüssiger Smaragd wirkte. Oder man leitete das Wasser in kleinen Kaskaden in gewissem Abstand über eine Wand voller Nischen, in denen tagsüber Blumenvasen standen, während abends Lampen hineingestellt wurden, die dann durch das Wasser hindurch glitzerten. Da man der Hitze wegen meist abends oder am frühen Morgen in die Gärten ging, waren solche Lichteffekte besonders wirkungsvoll.

Die ruhigen Wasseroberflächen von Teichen oder Kanälen dienten als Spiegel – zauberhafte Spiegeleffekte kann man noch immer in den Moscheegärten von Schiras oder Isfahan oder den Grabgärten Indo-Pakistans erleben, wenn die mit türkisfarbenen Fliesen bedeckten Gebäude in noch tieferem Blau im Wasser widerscheinen oder wenn das Spiegelbild eines weißen Marmorpavillons durch die von fallenden Blättern leicht bewegte Wasseroberfläche zu einem lebendigen Wesen zu werden scheint. So erscheint der Tadsch Mahal im Spiegel des mittleren Kanals noch traumhafter als in Wirklichkeit. Einen unbewegten Gartenteich aber mit einer Schale Milchpudding zu vergleichen, konnte nur Dichtern im Dekkan einfallen, für die auch der Vollmond einem Stück Butter ähnelte …

Um die kleinen Kanäle zu füllen, die der Bewässerung dienten, war ein hydraulisches System notwendig. Am häufigsten wurden für diesen Zweck Schöpfräder verwendet, die, von Maultieren, Kamelen oder Ochsen gezogen, in ständigem Kreisen Wasser aus der Tiefe holten und in die Bewässerungsrinnen gossen (das Bewässerungssystem der Mogulgärten war bedeutend komplizierter). Das Quietschen der Wasserräder (der großen *nā‘ūra* oder des *dōlāb*) kannte jeder, der in früherer Zeit im Orient reiste. Schon ein Bericht aus dem 10. Jahrhundert, der Gartenanlagen in Mosul beschreibt, erwähnt die Wasserräder mit ihrem charakteristischen „Stöhnen". Natürlich hörten auch die Poeten in allen Teilen der islamischen Welt das klagende Geräusch der Wasserräder und versuchten es in Worte zu fassen: Spanisch-arabische Dichter haben es mit dem Seufzen des Liebenden verglichen, und in der türkischen Lyrik erscheint das *derdli dolab*, das „Schmerzensrad", seit Yunus Emres berühmtem Gedicht, das die Klage des von der Heimat getrennten Holzrades in menschliche Sprache übersetzt:

Ach Schöpfrad, warum klagest du?
  Ich leide, darum klage ich.
Denn sieh, ich liebe meinen Herrn,
  und eben deshalb klage ich.

Mein Name ist das Schmerzensrad,
mein Wasser fließt so glatt, so glatt,
wie es der Herr befohlen hat –
  und eben deshalb klage ich.

Sie fanden mich auf Bergeswächt',
sie brachen Arm und Bein mir schlecht,
zum Schöpfrad schien ich ihnen recht –
  und eben deshalb klage ich.

Zurecht schnitt mich der Zimmermann,
wies jedem Glied die Stelle an –
Von Gott kam dieser Jammer an,
  und eben deshalb klage ich.

Ich zieh' das Wasser aus dem Grund,
ich gieß' es aus und dreh' mich rund.
Seht, was ich leide Stund' und Stund'
  und eben deshalb klage ich …

Aber gerade durch das Weinen der Wolken und das Klagen des
Schöpfrades wird der Garten beglückt und lächelt ebenso wie diejenigen, die ihn besuchen und dort den Vorgeschmack des Paradieses genießen.

Der belebende Duft

Den Weg zum Garten hat zuerst der Rose Duft gezeigt –
Dass es den Rosengarten gibt – wie wüsst's die Nachtigall?

fragt Muhammad Iqbal und deutet so auf die Wichtigkeit des Duftes in den Gärten hin. Duft spielt in der islamischen Tradition eine ganz besondere Rolle, wird doch dem Propheten Muhammad der Ausspruch zugeschrieben: „Mir wurden liebgemacht von eurer Welt die Frauen und der Duft, und mein Augentrost ist im Gebet."

Wer den Orient kennt, weiß um die Liebe der Muslime zu Düften. Wenn man zum Freitagsgebet geht, soll man sich tunlichst parfümieren, und schon in der vorislamischen Dichtung wird gern vom Duft der Geliebten gesprochen. Ja, die Wohlgerüche des Orients sind sprichwörtlich geworden.

Düfte bringen Heilung, und die meisten Beschreibungen von Pflanzen gehen auch auf deren therapeutische Wirkung ein. Nach Avicennas klassischem Werk wirken alle Düfte entspannend und erheiternd, und Duft ist ein *mufarriḥ al-qulūb*, „Erfreuer der Herzen". Man muss natürlich darauf achten, welcher Duft für welches der vier Temperamente zuträglich ist – Veilchenöl wurde z. B. gern gegen Melancholie verwendet, Rosenöl gegen Kopfschmerz. Man stellte Fächer aus Rosen gegen Kopfweh her, und die Düfte wehten nicht nur durch den Garten – auch die Schlafzimmer wurden mit dem Charakter des Inhabers entsprechenden Blütenarrangements, mit Girlanden und nach bestimmten Regeln zusammengestellten Sträußen geschmückt. War es nicht der Duft von Josephs Hemd, das er seinen Brüdern mitgab und das seinen vom Weinen erblindeten Vater heilte? (Sure 12, 94) Den Duft von etwas zu verspüren, bedeutet die geistige Nähe des geliebten Menschen zu fühlen. Daher ist es nicht verwunderlich, dass alle, die von den Gärten des

Orients schreiben, immer den Duft betonen, dessen heilende Kraft die von der blumenlosen Winterzeit ermüdeten Gemüter wieder belebt. So heißt es bei Anwari zu Beginn eines Lobgedichtes:

's ist der Tag für den Garten, für Freude und Lust,
's ist der Tag für die Rose, für Duftkräuter süß.
Der Staub ist vermischet mit reichem Parfüm,
aus der Lenzbrise Säumen kommt himmlischer Duft …

An solchen Tagen gleicht der Himmel dem Tablett eines Parfümeurs oder eines Kampferhändlers, die Knospen sind Parfümdöschen oder -säckchen, die der Wind öffnet, und selbst die Wolken regnen Duftwasser! Ein früher Dichter ging sogar so weit, den Garten mit Tibet zu vergleichen, dem Land, in dem das Moschusreh beheimatet war, das den kostbarsten Duftstoff in seiner Drüse trug – in ungezählten Versen werden die dunklen Blumen, wie Hyazinthe und Veilchen, mit dem schwärzlichen Moschus verbunden, den sich die Geliebte in ihre dunklen Locken reibt. Aber hat man sonst je gehört, dass sämtliche Blumen eines Gartens mit Moschus besprengt wurden, als der Kalif Harun ar-Raschid, wohlbekannt aus Tausendundeiner Nacht, zu Besuch kam? Dies aber ist kein Märchen, sondern ist historisch belegt … Weiße Blüten erscheinen als Gebilde aus dem weißen Kampfer, während das zum Räuchern verwendete Aloe-Holz, *ʿūd,* nicht selten erwähnt wird, wenn der Musiker bei frohen Gelagen auf der Laute, *ʿūd,* spielt …

So ist es nicht überraschend, dass man die Pflanzen ihren Düften entsprechend anpflanzte, damit ihre Heilkräfte zu verschiedenen Stunden und Zeiten wirksam wurden und man tagsüber die Farben, nachts die Düfte genießen konnte.

Bäume und Früchte

„Ein gutes Wort ist wie ein guter Baum", heißt es im Koran (Sure 14, 41), und in Sure 55, 6 wird offenbart, dass „Baum und Stern sich niederwerfen".

Der Baum, tief verwurzelt, bringt Früchte und Schatten für die Menschen, die sich unter ihm niederlassen – auch das koranische Paradies ist ja ein Baumgarten mit Palmen und Obstbäumen. Denn in einem Gebiet, wo in der Hitze des Sommers jeder Schatten willkommen, jede durststillende Frucht erwünscht ist, spielt der Baum eine besondere Rolle. Nicht zufällig beginnt Sure 95 mit dem Schwur: „Bei der Feige und der Olive!" und nimmt so zwei überaus nützliche Bäume zu Zeugen für die Wahrheit des Gotteswortes.

Nicht nur die Paradiesgärten sind voll wunderbarer Bäume; auch der Weg in die göttliche Gegenwart führt an der *sidrat al-muntahā*, dem „Lotusbaum der äußersten Grenze" vorüber, jenem Baum, den der Prophet Muhammad bei seiner gewaltigen Vision schaute (Sure 53, 14). So weiß auch die Legende, dass der Prophet an eben diesen Ort gelangte, als er auf seiner Himmelsreise in die göttliche Gegenwart getragen wurde. Daher wird in der mystischen Tradition die *sidra* (der Lotusbaum) zum Ende der geschaffenen Welt, hinter der die ewige Gotteswelt beginnt. Nur der Prophet konnte an diesem Grenz-Baum vorüberfliegen; selbst der Engel Gabriel musste dort zurückbleiben.

Im Paradies werden die Seligen sich an dem wunderbaren Tuba-Baum erfreuen, während die Verdammten in der Hölle die abscheulichen Früchte des giftigen Zakkūm-Baumes essen müssen. In der Mythologie aber gibt es den Waqwaq-Baum, an dem anstelle von Früchten Menschen und Tiere wachsen, wie es manchmal auf Miniaturbildern zu sehen ist.

Die uralte Heiligkeit des Baumes hat sicher dazu beigetragen, dass Bittsteller an Derwischklöstern ihre Petitionen oder Stoffstückchen mit Vorliebe an den mächtigsten Baum im Vorhof oder in der Nachbarschaft des Heiligengrabes aufhängen oder, wie in Gazurgah nahe Herat, Nägel in einen besonders segensvollen Baum schlagen, wenn sie ein Gelübde ablegen. Man zieht sie nach der Erfüllung des Wunsches heraus; sonst würden sie die Bäume schädigen.

Bäume sind ein unabdingbarer Bestandteil der Gärten, und ob es sich nun um kleinere Gruppen von Zierbäumen handelte oder um die ausgedehnten Obstgärten, die manchmal einen Ziergarten umgaben, oft aber außerhalb des eigentlichen Palastbezirkes oder außerhalb der Stadtmauern angelegt waren – immer sah man etwas Segensreiches in ihnen. Noch heute ist der Reisende entzückt, wenn er – ebenso wie die Reisenden früherer Jahrhunderte – den Grüngürtel erblickt, der, oft völlig unerwartet, eine Stadt oder ein Dorf umgibt, sei es eine Palmenoase oder Weingärten.

Im klassischen Garten standen oft unter den hohen Palmen niedrigere Obstbäume (häufig auf Spalieren), die wiederum Schatten für alle Arten von Blumen gaben. Die Baumwipfel – vor allem die der Palmen – konnten manchen Dichtern, besonders in Andalusien, als Banner erscheinen, Zeichen der Macht eines Fürsten. Mesihi hat in Istanbul um 1500 sogar den ganzen Garten als Heerlager personifiziert, wo Rosen die Schilde, Tulpen die roten Banner tragen, während die schlanke, hohe Zypresse der Fahnenträger ist. Allerdings liebte man in der osmanischen Türkei vor allem große Einzelbäume, die dekorativ in den Raum – etwa nahe einer Moschee oder einer Fontäne – gesetzt wurden.

Der Kalif Al-Mutawakkil besaß Bäume aus Gold und Silber, in denen künstliche Vögel umherflogen und zwitscherten – solche mechanischen Kunstwerke waren zu seiner Zeit sehr beliebt und zeigten das Geschick von Ingenieuren und Kunsthandwerkern.

Man erfährt auch, dass es in einem anderen Garten Dattelpalmen aus Gold gab, die Früchte in jedem Stadium der Reife trugen: Jede Frucht bestand aus einem Edelstein in der entsprechenden Farbe.

Waren in den Kalifengärten des Irak die Palmstämme hin und wieder mit Teakholz umkleidet, so ließ Chumarawaih seine Palmen mit vergoldetem Kupfer umhüllen; zwischen Stamm und Kupferhülle liefen Bleirohre, aus denen oben Wasser sprudelte, so dass die Bäume zu Springbrunnen wurden. Im Zentrum der Gartenanlage aber stand ein von Wasser durchflossener Turm, in dem allerlei exotische Vögel flogen, während draußen andere Vögel, darunter Pfauen, umherliefen.

Der ägyptische Historiker Maqrizi berichtet, derselbe Fürst habe Gärten mit Obstbäumen und Rosenstöcken anlegen lassen, Safran und Myrten habe es darin gegeben, wobei die Myrtensträucher von Gärtnern mit Scheren sorgfältig in verschiedene Formen, u. a. in die von Buchstaben, geschnitten wurden.

Als Nasir-i Chusrau, persischer Dichter und Philosoph, Kairo im Jahre 1047 erreichte, fand er nicht nur bewundernswerte Gartenanlagen im Kalifenpalast, sondern bemerkte, dass ein reicher Jude in der Stadt nicht weniger als 300 Bäume in Kübeln gepflanzt hatte, um sich an ihnen zu erfreuen. Auch in späterer Zeit stellten manche Leute in Kairo bei festlichen Anlässen Blumenkübel und Bäume auf die Straße.

Nasir-i Chusrau hat mit seinen Versen über den Garten der Welt, in dem die Menschen verschiedene Bäume sind, ein ziemlich einmaliges Bild entworfen (s. S. 152). Für die Mystiker aber glich der Fromme, der sich ganz dem Gottgedenken widmet, „einem grünen Baum inmitten dürrer Bäume", ist doch sein Herz immer und überall lebendig. Der Baum ist auch mit Leben und das bedeutet Fruchtbarkeit verbunden.

Der große Theosoph Ibn Arabi entwickelte seine Theorien von der *schadscharat al-kaun,* dem „Baum des Daseins", der aus dem göttlichen Wort *kun,* „Sei!", entsprosst und sich durch die Welten immer weiter verzweigt – ein Baum, der an das koranische Wort in Sure 24, 35 erinnert, das vom „Ölbaum, weder östlich noch westlich" spricht, dessen Öl die Lichternische erleuchtet. All diese Gedanken schwingen mit, wenn religiöse Dichter das Symbol des Baumes verwenden. –

Daneben aber stehen häufiger Bilder, zu denen Bäume die Dichter seit frühester Zeit angeregt haben.

Unter den „poetischen" Bäumen steht die Zypresse an erster Stelle. Gibt es etwas Anmutigeres als junge Zypressen? Man konnte sie – wie Ibn al-Mu⁣ᶜtazz es tat – als tanzende Singmädchen sehen, die sich, vom Winde bewegt, aufeinander zuneigen und dann wieder zurückweichen. Auch als Himmelsjungfrau, Huri, erscheint die Zypresse.

Orientalische Ziergärten waren fast immer – vor allem aber in den persisch-türkischen Gebieten – mit Zypressen bepflanzt. So ist die Zypresse ein bevorzugtes Motiv in allen Branchen der islamischen Kunst.

Die Zypresse gilt als „frei", weil sie ihr Haupt hoch emporreckt und nicht von der Last der Früchte gebeugt wird wie andere Bäume – *sarw-i āzād,* „die freie Zypresse", ist ihr bevorzugter Beiname im Persischen (der auch den Titel einer berühmten Anthologie des 18. Jahrhunderts bildet). Als hoher schlanker Baum wird sie zum idealen Abbild des geliebten Wesens, das, von allem Jammern des Liebenden unberührt, auf den armen Liebhaber herunterblickt. Und wenn die „wandelnde Zypresse" – das ist die normale Bezeichnung des/der Geliebten – in den Garten kommt, schämt sich der Baum, wird zu ihrem Sklaven, beugt sich vor ihr:

Der Liebsten Wuchs sah die Zypresse
und hielt sich fern – ein armer Sünder!

Die Poeten wurden nicht müde, immer neue Vergleiche zu erfinden:

Ihre Gestalt ist eine Zypresse – wenn eine Zypresse einen Tulpen-
garten (d. h. ein rosiges Gesicht) haben kann,

meint Mu^cizzi in Iran im 12. Jahrhundert, und wenig später heißt es:

Zwar sind die Rose gut und die Zypresse,
denn beide zieren ja den Frühlingsgarten.
Ach, hätte doch die Rose ihre Wange,
Zypresse ihren Wuchs, den schlanken, zarten!

Zypressen wurden gern am Rande der Wasserläufe gepflanzt, die
den Garten teilen. So war es den Dichtern leicht, eine Verbindung
zwischen der Gestalt der Geliebten und den Tränenbächen der Liebenden herzustellen. In der arabischen Dichtung findet man auch
den Vergleich von Zypressen mit Bräuten, die sich im Kanal spiegeln, so dass der Himmel darin ihre Gesichter erblicken kann – vie-
lerorts war es Sitte, dass der Bräutigam das Gesicht der Braut zuerst
in einem Spiegel zu sehen bekam. Doch in der persischen Poesie
herrscht die Vorstellung vom weinenden Liebhaber vor, so dass
Hafis behaupten kann:

Ich machte meine Tränen zu fließendem Wasser,
damit sich meine wandelnde Zypresse zum Ufer wenden möge.

Dass das Wort *kanār*, „Ufer", auch „Brust" und „Umarmung" bedeutet, muss hinzugefügt werden, damit der Leser den feinen Dop-
pelsinn dieses Verses recht genießen kann. Ist es denn erstaunlich,
wenn die „wandelnde Zypresse" dem Dichter dauernd vor Augen
steht, wo doch seine Augen Tränenbäche sind?, fragt wiederum
Hafis.

Der orientalische Garten war voller Vögel. Aber während die
Nachtigallen immer den Rosen zugeordnet sind, werden die Zyp-

ressen ständig von grauen Tauben umkreist (wie schon Minutschehri feststellte). Denn die Taube galt als Verkörperung der Sehnsucht: Ihr Gurren gleicht dem Schluchzen des Liebenden, der ständig fragt „Wo? Wo?" – was im Persischen *kū kū* heißt und dem Gurren entspricht. Auch ist sie getreu; der schwarze Federkranz der Ringeltaube, das „Halsband der Taube", ist so untrennbar mit ihr verbunden, wie der Gedanke an die Geliebte mit dem Liebenden. Die blaugraue Trauerfarbe passt in dieses Bild.

Qasim-i Kahi (gest. 1580) sah die Zypressen als grüne Kerzen an, um die Tauben fliegen, als seien sie Nachtfalter, und erklärte damit auch ihre graue Farbe: Sie sind im Feuer der Zypressenkerzen zu Asche verbrannt! Ghalib aber meint umgekehrt:

Wenn sie, die Zypressenschlanke, anmutvoll geschritten kommt:
Jede Handvoll Staub im Garten wird zur Taube, klagend-grau.

Zypressen waren und sind typische Friedhofsbäume; denn die Zypresse war schon im alten Iran ein Baum des ewigen Lebens. Noch zeugen die großen Friedhöfe auf dem asiatischen Ufer des Bosporus von den alten Zypressenhainen Istanbuls. Der türkische Reisende Evliya Çelebi berichtet in der Mitte des 17. Jahrhunderts von einem Garten nahe dem Goldenen Horn, wo 12000 Zypressen schachbrettförmig angepflanzt waren – etwa gleichzeitig hatte der italienische Reisende Pietro della Valle Istanbul als Stadt der Zypressen beschrieben, während Teheran für ihn die Stadt der Platanen war.

Die Platane ist in der Tat neben der Zypresse die beliebteste Baumart im Orient, insbesondere im persisch-zentralasiatischen Raum. Noch heute findet man in Afghanistan und Tadschikistan vielhundertjährige Platanen, und man erkennt, dass die Maler der Mogulzeit nicht übertrieben haben, wenn sie scheinbar überdimensionale Platanen – oft im goldenen Herbstlaub – darstellten.

Die fünfzackigen Blätter der Platane werden gern mit menschlichen Händen verglichen. Religiös veranlagte Dichter sahen, wie der schöne Baum seine Hände zum Gebet öffnet, während die meisten Poeten in ihren Frühlingsversen behaupten, dass die Platane ihre Hände nach dem Weinglas ausstreckt:

> *Das menschenhänd'ge Blatt streckt die Platane aus,*
> *da auf den Rosenbusch das Rotweinglas gestellt!*

Die arabische Dichtung spricht weniger von diesen beiden Lieblingsbäumen der persisch-türkischen Dichtung. Der arabische Baum *par excellence* ist die Palme, besonders die Dattelpalme, die durch ihre mehrfache Erwähnung im Koran noch zusätzlichen Wert hatte. War es nicht eine verdorrte Dattelpalme, die süße Früchte über die Jungfrau Maria schüttete, als sie Jesus gebar (Sure 19,25)? Dattelpalmen, Bäume der Oasen, wurden in den Gärten der Kalifen und der Großen gehegt und gepflegt (s. S. 53), und poetische Beschreibungen ihrer Rispen, aus denen die Früchte wachsen, findet man in den Naturgedichten der syrischen und irakischen Poeten des 9. und 10. Jahrhunderts.

Die Dattelpalme bedeutete für die im Ausland lebenden Araber ein Stück Heimat. So gedachte der omayyadische Fürst Abdar Rahman in Andalusien der Palmen in seiner Heimat Rusafa, als er die ersten Palmen in seinem Garten gepflanzt hatte, und schrieb:

> *Du, o Palme, bist ein Fremdling*
> *so wie ich in diesem Lande,*
> *bist ein Fremdling hier im Westen*
> *fern von deiner Heimat Strande …*

Ähnlich wurde für den zeitgenössischen irakischen Dichter Abdal Wahhab al-Bayati die „Palme im Gefängnis von Bagdad" zum Thema eines sehnsuchtsvollen kleinen Gedichtes, als er im Exil lebte.

Verhältnismäßig selten erscheint die Weide in der Poesie, obgleich sie offenbar recht häufig in Gärten und Parkanlagen vor allem entlang der Wasserläufe zu finden war. Der vom Winde bewegte grünende Baum erinnerte einen frühen persischen Dichter an einen betrunken hingesunkenen jungen Mann. Ohnehin scheint das Zittern der Weide der Hauptanknüpfungspunkt für Vergleiche zu sein – wenn man nicht auf die Weidenkätzchen anspielt, die der Lenz dem nackten Baum als Ohrgehänge oder Armbänder schenkt. Oder ist etwa die am Flussufer stehende Weide ins Wasser verliebt?, fragt ein moderner arabischer Dichter, der den bebenden Baum beobachtet. Besonders eindrucksvoll aber hat der türkische Dichter Nazim Hikmet das Thema der beim Anblick der Flüchtenden, Verfolgten erschauernden Weide in seinem Gedicht *Salkïm sögüt* („Die Trauerweide") aufgenommen, in dem er die Weide anfleht:

ağlama, salkïm sögüt, ağlama, el bağlama...
(Weine nicht, Trauerweide, weine nicht,
ring' nicht die Hände...)

Hin und wieder kommt im Arabischen der *bān*-Baum, die ägyptische Weide, vor, deren zarte, bewegliche Zweige einem geheimnisvollen Mystiker des Mittelalters, der sich ständig verwandeln konnte, den Beinamen *qaḍīb al-bān* gegeben hat. Der *bān*-Baum wurde gern in Gärten angepflanzt. Viel wichtiger und beliebter aber ist ein Baum oder Busch, dessen rote Blüten einen feststehenden Teil aller Frühlingsschilderungen bilden. Das ist der *arghuwān*, der Judasbaum *(cercis siliquastrum)*, der sich im Frühling auftut und dessen leuchtend rote Blüten, die direkt aus dem Stamm kommen, die Beschauer und die Dichter seit alters her entzückt hatten. Kneift nicht der Frühlingswind den Arghuwan frech in die Wangen (d.h. in den Stamm), so dass kleine Blutstropfen herausquellen? So denkt jedenfalls im 19. Jahrhundert Qa'ani in Iran in der Nachfolge zahlloser Poeten.

Auch der Granatapfelbaum erscheint häufig, und zwar sowohl wegen seiner roten Früchte als auch wegen seiner lieblichen Blüten, die „rot wie die Wangen einer Schönen" oder „wie der Kamm eines indischen Hahnes" sind. So heißt es schon in der frühen arabischen Dichtung, und Vergleiche dieser Art ziehen sich durch die gesamte Poesie der islamischen Völker. Das tut auch der Vergleich der runden Frucht mit den wohlgerundeten Brüsten einer Frau, der sich ebenfalls von der frühmittelalterlichen arabischen Dichtung bis hin zur Urdu-Poesie des 19. Jahrhunderts findet. Nasich in Lucknow sang:

> *Ich liebe die Brüste, die runden,*
> *die wie Granatäpfel sind!*
> *Auf meinem Grab soll man pflanzen*
> *Granatapfelbäume – sonst nichts!*

Der Granatapfel war seit ältesten Zeiten ein Symbol der Fruchtbarkeit – daher wohl seine Verbindung mit dem Weiblichen. Doch konnten seine roten Kerne (an die sich mancherlei Volkssitten knüpfen) auch mit roten Korallen und – für unseren Geschmack nicht sehr schön – mit dem roten Zahnfleisch der Geliebten verglichen werden.

Im Dekkan wurden gern Schraubenbäume, ein stark duftender Baum oder auch Strauch, angepflanzt, die allerdings in nördlichen Gebieten nicht vorkommen.

Gärten waren oft von Weinstöcken oder Weinlauben umgeben. „Die Tochter der Rebe", wie die Traube gern genannt wird, spielte eine zentrale Rolle in der Garten-und-Wein-Lyrik, wobei sich mehr oder minder gesetzestreue Männer – Wein war ja verboten! – zu dem unappetitlichen Bild verstiegen, den roten Wein als „Menstruation der Tochter der Rebe" zu bezeichnen. Aber es fehlt nicht an liebevollen Schilderungen der Spaliere, von denen die prall gefüllten Reben im Herbst herabhängen.

Die Chroniken berichten recht ausführlich über die Früchte, an denen man sich labte. Ihre Zucht wurde in einer ganzen Reihe von Handbüchern gelehrt – Büchern, die dem Fachgelehrten viele Einsichten in die landwirtschaftlichen und gartenbaulichen Kenntnisse und Interessen der islamischen Welt von Andalusien bis Mogul-

Indien erlauben. So war man sehr geschickt im Pfropfen von Bäumen, was in der osmanischen Türkei von Frauen besorgt wurde.

Nicht selten haben Dichter den Apfel erwähnt – er hängt, noch unreif, wie ein Smaragd im Laub, ist auch manchmal „mit Karneol gesprenkelt", wird aber in erster Linie mit dem runden Kinn des geliebten Wesens verglichen. Und ist nicht der Abschied der Liebenden dem Apfel ähnlich, dessen eine Seite rot (wie die Wangen des Geliebten), die andere bleich, gelb-grün (wie die des Liebenden) ist?

Klassische Dichter haben das Erblühen von Mandel- und Pfirsichbäumen als erste Frühlingsboten mit Freude begrüßt. Im Garten Khumarawaihs versuchte man sich im späten 9. Jahrhundert auch an Kreuzungen von Aprikosen- und Mandelbäumen. Vielleicht stammen die beiden arabischen Gedichtchen über die Mandelblüte und die Pfirsichblüte aus dieser Zeit:

O Mandelblüte, die du uns begrüßest,
den andern Blüten all voraus mit Fächeln:
Die Tage werden schön durch dich; du scheinest
im Mund der Welt das erste Frühlingslächeln!

Ein anderer Dichter wird durch die Pfirsichblüten an heitere Weingelage erinnert:

Eine der Blüten strahlt in Schönheit,
und sie schimmert rötlich und weiß,
so, als blickten auf uns ihre Augen –
Augen, vom Rausch noch gerötet und heiß.

Noch ein neuzeitlicher ägyptischer Poet beginnt sein Lenzgedicht mit den Worten:

Der Aprikosenbaum erblühte…

Orangen erscheinen seit dem Frühmittelalter, vor allem in der westlichen arabischen Welt. Im Garten der großen Moschee von Córdoba waren Hunderte von Orangenbäumen angepflanzt, und den Dichtern erschienen die Früchte wie Kugeln aus Rubinen auf smaragdenem Stiel oder allgemein wie Juwelen, leuchtend im dunklen Laub. Die gelbe Zitrone aber glich einem blassen unglücklichen Liebhaber. Auch Pistazien waren, wie noch heute, beliebt; ihre grünlichen Kerne werden hin und wieder mit dem neu sprießenden Bartflaum eines Jünglings verglichen, und zwar in der frühen persischen wie in der andalusischen Poesie. Haselnüsse aber erinnern die Dichter an die Fingerspitzen eines anmutigen Wesens; wenn diese bei festlichen Gelegenheiten rot gefärbt sind, werden sie auch mit den roten Brustbeeren, *ʿunnāb,* verbunden. Quitten spielten ebenfalls eine bedeutende Rolle in den Obstgärten.

Man erfährt aus den Chroniken, welche Obstbäume aus welchem Gebiet und in welche Länder importiert wurden. Besonders gut sind die Obstsorten der Mogulzeit dokumentiert, da Kaiser Akbars Hofchronist, Abu'l-Fazl, in seinem „Akbarnama" detaillierte Auskünfte über alle Arten von Obst, seine Herkunft und seinen Preis bietet. Kaschmir war für seine Früchte berühmt – Kaiser Dschahangir ließ Kirschen, Aprikosen und Birnen von dort kommen. Die verschiedensten Melonensorten aus dem Nordwesten des Subkontinents ebenso wie aus dem zentralasiatischen Gebiet waren – und sind noch heute! – berühmt. Bananen wurden aus Bengalen importiert.

Die typisch indische Frucht, die Mango, wird zwar nicht in der höfischen arabisch-persischen Poesie besungen; in der Dichtung der Dekkan-Reiche im südlichen Indien jedoch kommt sie häufiger vor, wie man dort auch viele im persisch-nordindischen Raum unbekannte Pflanzen in den Gärten wie in der Poesie findet. Doch hat die Mango mit ihrer leicht gebogenen Form ein wichtiges Design inspiriert, das man häufig in Textilien findet oder in dem Dosen gearbeitet wurden.

Im Garten gab es Hecken und Büsche. Dabei ist in erster Linie die Myrte zu nennen, die in der Dichtung wie im Volksglauben einen besonders hohen Stellenwert hatte; schon im Alten Orient war sie dem Liebesgott zugeeignet, denn sie ist die Verkörperung der unwandelbaren Treue, ein Wesen, auf das man sich immer verlassen kann:

> *Meine Liebe zu euch ist treu wie die Myrte,*
> *nicht wie die Rose, die rasch ja verblüht!*

Und Ibn Ghanim hört die Myrte sagen, dass sie immer ihr nächtliches Gebet und den Segen über den Propheten spricht.

Ein Baum aus dem indischen Bereich sei noch genannt, der zwar nicht in Gärten wächst, aber vielen Gebieten des Subkontinents einen besonderen Charakter verleiht. Das ist der Banyanbaum mit seinen Hunderten von Luftwurzeln, die sich immer weiter vermehren und den einzelnen Baum im Laufe der Zeit fast zu einem kleinen Wald werden lassen. Bis heute dienen Banyanbäume dem Wanderer als schattenspendende Zuflucht, und Mogulminiaturen zeigen Gruppen von Yogis unter diesem Baum-Wald. Daher konnte Qadi Qadan, ein mystischer Dichter aus dem unteren Industal (gest. 1551), seine Vision von der allumfassenden Einheit Gottes treffend mit dem Bild des Banyanbaumes ausdrücken, der nur einer ist, sich aber in ungezählten Luftwurzeln manifestiert:

> *Ein Banyanbaum allein im Feld,*
> *den liebe ich gar sehr:*
> *Der Liebste sitzt im Schatten dort –*
> *ein Baum und doch ein Wald.*

So wird Ibn Arabis „Baum des Daseins" in volkstümlichen Bildern angedeutet. Und wundert es den Leser nach diesem Lob der Bäume, dass ein früher persischer Poet meinte, in seinem Lobgedicht „trage der Baum der Poesie Früchte feinen Sinnes"?

Der Garten in den Jahreszeiten

Ganz verrückt macht einen diese Welt,
diese Nacht, dieser Duft, diese Sterne,
dieser Baum, der von Wurzeln bis Krone erblüht ist!

So beschreibt der türkische Dichter Orhan Veli (gest. 1950) einen
jener strahlenden Frühlingstage, in denen sich Istanbul im schönsten Glanze zeigt. In einem kurzen Satz fasst er zusammen, was die
Dichter der islamischen Welt (ebenso wie die des Westens) seit
Jahrhunderten in Tausenden und Abertausenden von Versen besungen hatten: das Wunder des Lenzes, das Erwachen der Natur –
sei es nach dem Winter, sei es nach der sommerlichen Dürrezeit.
Für den Muslim wurde jeder Frühling zum Symbol der Auferstehung, hatte doch der Koran die Realität der leiblichen Auferstehung
mit dem Bild der neu erwachenden Natur angedeutet. So drücken
viele Lenzgedichte ein tiefes religiöses Empfinden aus:

Grünes zogen alle Lieblichen der Wiese an;
der Baum ward zum brennenden Dornbusch der Erkenntnis;
die Knospen daran sind das Licht Gottes,

singt der osmanische Dichter Yahya Bey im 16. Jahrhundert und
überträgt die Erfahrung des Moses beim Anblick des brennenden
Dornbuschs auf das Erleben des Frühlings – hier manifestiert sich
das Göttliche, wie es auch der persische Mystiker Attar in seinem
„Ilāhīnāma" andeutet, wenn er Gott anredet:

Kommst Du im Frühling sichtbarlich gegangen,
so lüftest Du den Schleier von den Wangen,
Du wirfst zur Erde des Gesichtes Glanz
und schmückst den Staub mit holden Bildern ganz …

Ob es die frühesten persischen Dichter wie Abu Ali-yi Marwazi waren oder die Meister der osmanischen Türkei wie Nefʿi (gest. 1635) und sein Zeitgenosse, der Scheich ul-Islam Yahya – sie waren ebenso beredt in ihren langen Frühlingsschilderungen wie die arabischen Poeten des 9. und 10. Jahrhunderts. Diese Dichter – unter ihnen Abu Nuwas und al-Buhturi – haben ein Thema angeschlagen, das jahrhundertelang verwendet wurde: Sie sprechen gern von *Naurūz*, dem persischen Fest der Frühjahrs-Tag-und-Nacht-Gleiche, und begrüßen den Lenz, da man nun wieder im Garten feiern kann. Die ersten Rosen, die am Vortag noch schlummerten, werden vom Tau wachgeküsst; die Blätter zeigen ihre Künste, während die Blumenmünder lachen und die Blüten auf den Zweigen mit ausgebreiteten Ärmeln zu tanzen scheinen (so Schamsuddin at-Tilimsani im 12. Jahrhundert). Und während die Tauben gurren, dekoriert der frische Zephir das Gesicht des Wassers mit Goldflittern. Der Garten, eben noch mit dem Silber des Schnees bedeckt, verwandelt sich in Smaragde.

Einige der schönsten Frühlingsbeschreibungen verdankt die persische Literatur Nasir-i Chusrau (gest. nach 1072), der in seinem Exil im wilden Badachschangebirge das Nauruz-Fest besang, wenn „perlenregnende Wolken die Erde zum Himmel machen" und wenn die Gärten mit ihren Blüten einem gestirnten Firmament gleichen. Die alten gebeugten Rosenzweige werden wieder jung; der Garten, der eben noch lange weiße Kutten und weiße Hüte trug, ähnelt jetzt buntbestickter Seide, und das Gras feiert Auferstehung – es ist ja die Zeit, „wenn das Paradies nahegebracht wird" (Sure 81,21). Die arme nackte Weide legt Ohrringe (= die Weidenkätzchen) an, und die Veilchen brauchen sich nicht mehr vorm Schnee zu fürchten – warum aber tragen sie immer noch ein dunkelblaues Kleid wie büßende Christenmönche? Blüten, den Wangen und Augen der Geliebten gleichend, erscheinen im Garten, und die schwarzen Krähen – die in der Poesie mit schwarzen Sklaven oder auch freudlosen Predigern verglichen werden – ziehen sich zurück.

Aber um sich in all seiner Pracht zeigen zu können, braucht der Frühling einen passenden Platz, und Farruchi (gest. 1037) verbindet das Lob eines Mäzens, der einen neuen Garten angelegt hat, geschickt mit seiner Frühlingsbeschreibung:

Dies Jahr erscheint der Lenz mit frischem Angesicht!
Im letzten Jahr – ach nein! – war das ganz anders noch:
Da kam vom Wege er als armer Bankrotteur,
ganz ohne Farbe, Glanz; nein, er besaß schier nichts!
Dies Jahr jedoch, eh' er zehn Meter kaum gereist,
schenkt' Steppe er und Berg ein kostbares Gewand,
band an der Weide Hand ein Armband aus Türkis,
hängt' in der Rose Ohr den Ohrring aus Rubin!
Von Berg zu Berg gibt's jetzt rings Veilchen und auch Farn;
von Hang zu Hang gibt's nun Jasmin und Tulpenflor.
Sind's Ketten von Achat und Lapislazuli
aus Tulpen, Veilchen wohl im weiten Wiesengrund?
Wie tausend liebliche Idole: Rosen rings,
und Reiterscharen hier: der Tulpen Tausendschaft.
Der Rosenbusch hüllt sich in Seide wie Rubin,
in Steppen breitet aus der Lenz der Blüten Saum.
Dies alles tut der Lenz dies Jahr – nicht wie zuvor!
Warum hat er sich wohl so prächtiglich geschmückt?
Nun, ein Geheimnis ist das zwischen ihm und mir;
doch will ich es dir jetzt erklären ohne Scheu:
Wenn immer er von fern hierher kam, fand der Lenz
nicht einen Platz, wo er sich niederlassen konnt';
nur Stein und Wüste! – So blieb er voll Gram und Scham
im kahlen Dornenhag, inmitten hartem Fels.
Man dächte wohl, dass er erniedrigt sei beim Volk
und dass der Teure drum ganz schwach und mutlos war!
Doch dies Jahr schrieb der Wind ihm einen Brief und sprach:
„Hier, Freudenbotschaft! Denn der Herr gab, was du wünschst,
schuf einen Garten dir, ganz neu, ein Paradies …!"

Jahrhunderte später erfand ein Dichter im Dekkan, Abdul Dihlawi, eine ähnliche Geschichte: Der Kaiser „Lenz" – Basant Rao – kommt mit seiner Armee von Bäumen zum König und erweist ihm seine Ehrerbietung …

Schon in der vorislamischen Poesie wird die blühende Aue mit bunten Stoffen verglichen, und in der arabischen Dichtung des 9. und 10. Jahrhunderts werden solche Vergleiche allgemein. Die Gärten scheinen im Lenz Gewänder aus jemenitischer (gestreifter) oder auch aus geblümter Seide anzulegen. Selbst in Andalusien werden Seidenstoffe aus Sanaa oder aus dem persischen Tustar mehrfach in diesem Zusammenhang erwähnt, und ein andalusischer Poet erblickte den Garten in Kleidern, „deren Streifen ein tiefes Rot zwischen kräftigem Grün aufweisen". Ein Schöngeist aus dieser Gegend gab seinem Garten sogar den Namen „Brokat".

Es ist der Regen, der solche kostbaren Blütenstoffe webt – sah man nicht, wie seine Fäden vom Himmel kamen (s. S. 43)?

Ja, man konnte die Beziehung von Garten und Regen sogar als eine Art Handel ansehen: Der Himmel ist der Lieferant, die Erde der Käufer, die Wolken der Makler, die Tropfen die kostbare Ware und die Blumen die Bezahlung – und dann konnte der Garten lächelnd seine Zähne entblößen (wenn die Margeriten aufblühten). Schon mehr als zwei Jahrhunderte ehe dieses Bild auftaucht, hatte Hutai'a (gest. 656) den Garten mit einem Laden verglichen, „als ob dort Juden ihre Stoffe, Gewänder und gestreiften Kleider ausgebreitet hätten …"

Saadi aber fügt zu Beginn seines „*Gulistān*" ein Lob Gottes als des großen Gartenbesitzers ein:

Seinem Kammerdiener „Zephir" hat Er geheißen, den smaragdenen Teppich auszulegen, und der Amme „Frühlingswolke" hat Er geboten, die Pflanzenmägdlein in der Wiege der Erde gut zu pflegen. Den Bäumen hat Er als Ehrenkleid grüne Blätter angelegt und den Zweiges-Kindern zur Ankunft der Frühlingszeit eine Knospenmütze aufgesetzt …

Ehrenkleider, wie Fürsten sie wohl an verdiente Untertanen verliehen, waren oft mit Edelsteinen und Perlen besetzt und mit Gold durchwirkt – und die Perlen des Taus waren überall im Garten zu sehen. So war es für einen Panegyriker wie Farruchi klar, dass der Park sein farbiges Ehrenkleid von dem Fürsten erhalten hatte, dessen Lob er gerade sang. War es ein Wunder, wenn der Garten daraufhin dankbar lächelte?

Doch ähnlich wie Saadi schrieben die mehr religiös gesinnten Dichter die Frühlingspracht nicht einem irdischen Fürsten zu, sondern dem wahren Schöpfer; sie sahen das zarte Grün als Paradiesesgewand, das Gottes Gnade dem Garten, vor allem den Bäumen, als Belohnung für ihre Geduld während der kalten Winterszeit verliehen hat, so dass sie den Seligen im künftigen Himmelsgarten ähneln. Ist nicht der Donner der ersten Frühlingsgewitter der Posaune des Jüngsten Gerichts vergleichbar? Wenn sie ertönt, werden die Guten ins Paradies eingehen, mit grüner Seide bekleidet. Wie treffend solche Bilder sind, erlebte ich einmal in Konya, als nach einem schweren nächtlichen Gewitter Anfang Mai am Morgen die ganze Stadt plötzlich unter einem grünen Schleier lag, während die Luft vom Duft der eben erblühenden Iğde (Ölweide) erfüllt war.

Auch der Wind spielt bei dieser Auferstehung eine wichtige Rolle. Maulana Rumi hat das wohl am schönsten ausgedrückt:

Wenn der Lenzwind der Liebe zu wehen beginnt,
jeder Zweig, der nicht dürr ist, regt sogleich sich im Tanz!

Nur die verdorrten Bäume fühlen nichts vom Wind und vom lebenspendenden Regen; sie verdienen es daher, abgehauen zu werden, und werden Brennholz für die Hölle (vgl. Sure 111).

Manche Dichter haben die Rolle des Frühlingswindes noch inniger beschrieben:

Vielleicht wurde der mitternächtige Wind zu Gabriel,
denn die Zweige und Äste der dürren Bäume wurden zu Maria,

sagt Kisa'i (gest. 1001). Wie Gabriel die Jungfrau Maria anhauchte, dass sie Jesus empfing, so berührt der Wind die Zweige, und aus ihnen erscheint die liebliche Blume „Jesus", deren Duft den Menschen neues Leben schenkt, genauso wie Jesu Atem die Kranken heilen, die Toten beleben konnte. Der „dürre Zweig" aber erinnert den Muslim an das Wunder, dass der verdorrte Palmbaum süße Datteln über die Jungfrau schüttete, als sie sich im Schmerze der Wehen an ihn klammerte (Sure 19,25).

Doch neben solchen Versen stehen die vielen Gedichte, in denen weltlichere Aspekte des Frühlings besungen werden. War jetzt nicht die Zeit zum Feiern, zum Trinken? Düfte wehen durch den Garten; die summenden Fliegen gleichen heiteren Singmädchen, und die eifrigen Bienen scheinen Gebete zu rezitieren, während die Platanen eine Rose oder Tulpe als Glas voller Rotwein zu ergreifen scheinen. Warum soll der Mensch es ihnen nicht nachmachen?

> *Da's die Zeit der Tulpen ist, lass uns Becher heben,*
> *wie Narzissen ganz berauscht aus den Augen schauen ...*

singt ein osmanischer Poet im Einklang mit vielen anderen. Die Becher wurden offenbar manchmal mit Blüten bekränzt, wie auch die Zecher ihr Haupt mit Blumen schmückten. Jahrhunderte später befahl der Mogulkaiser Dschahangir bei einem Ausflug, seine Begleiter sollten alle Blumen aufsetzen, so dass das gesamte Gefolge einem wandelnden Blumenbeet glich! Wenn aber jemand den Genießer tadeln will, dass er dem koranischen Weinverbot zuwiderhandelt, kann dieser Saadis Vers zitieren:

> *Lebt jemand im Paradies, ist ihm der Wein erlaubt,*
> *besonders, wenn ein Gefährte wie Rizwan ihn kredenzt!*

Rausch und Liebe im Lenz gehören zusammen; denn im Gesicht des geliebten Wesens spiegeln sich alle Schönheiten des blühenden Frühlingsgartens:

Dein Angesicht ist Frühling, immer lächelnd …

sagt Maulana Rumi, und der Vergleiche des schönen Gesichts mit der Rose, der Augen mit der Narzisse ist kein Ende.

Ganz schüchtern aber singt Mir Taqi Mir im späten 18. Jahrhundert in Delhi:

> *Der Frühling kam, die Blüten*
> *   erschienen Wang' an Wange –*
> *Ach, könnten du und ich doch*
> *   auch so im Garten stehen!*

Sanaubari, der Gartendichter am Hofe von Aleppo im 10. Jahrhundert, hat eines der bekanntesten Frühlingsgedichte der arabischen Tradition verfasst, das fast alle in späterer Dichtung verwendeten Vergleiche enthält, aber auch die eifersüchtige Liebe des Poeten für seinen Garten anklingen lässt:

> *Auf, Gazelle, schau! Die Beete*
> *   ihre Wunder offenbaren:*
> *Frühling hob von ihren Wangen*
> *   Schleier, drin verhüllt sie waren:*
> *Rosen wangengleich, Narzissen:*
> *   Augen, die den Liebsten schauen,*
> *Anemon' in schwarzgestickten*
> *   Seidenmänteln, roten, klaren,*
> *Sängerinnen gleich Zypressen,*
> *   aufgeschürzt bis an die Knie:*
> *Maid im Wind, so spielt die eine*
> *   nachts mit der Gefährten Scharen.*
> *Leise Winde treiben Blätter*
> *   in den Bach, und er erbebte –*
> *Nie beträt' sie ein Gemeiner,*
> *   könnt' die Gärten ich verwahren!*

So empfand man nicht nur in Aleppo oder Bagdad, sondern ebenso in Iran und Muslim-Indien wie im islamischen Westen. Die spanisch-arabische Lyrik ist reich an Gedichten, in denen die Vergnügungen in einem Frühlingsgarten beschrieben werden, wenn selbst die Insekten aus Freude an den Blumen Gedichte zu summen scheinen. Die singbaren Verse Ibn Qozmans (gest. 1160) sind ein typisches Beispiel andalusischer Gartenpoesie:

> Hör, der Fromme sagt: „Bereue!"
>   Das ist dummes Zeug, fürwahr!
> Könnt' ich's denn? Der Garten lächelt,
>   Wind bringt Moschusdüfte dar,
>   und der Lenz, gleich wie ein Sultan,
>   breitet seine Fahnen weit,
>   Festgewänder trägt der Obstbaum,
>   Vögel zwitschern weit und breit,
>   und die Gärten tragen wieder
>   ihr smaragdenfarb'nes Kleid.
> Und in Blau und Weiß erglänzen
>   Veilchenblüte und Bahār.
>   Tau und Myrte, weiße Iris.
>   Duft und Schatten. Wasser rinnt.
>   Klug und freundlich ist der Holde,
>   und der Späher taub und blind
>   und der Sänger singt vortrefflich,
>   und die Flöte spielt so lind –
> Und der Himmel rein und leuchtend,
>   und der Wein so hell und klar!

Die Dichter wussten freilich, dass sie diese wenigen schönen Tage genießen mussten, und viele mögen gedacht haben, was der türkische Dichter Mesihi (gest. 1508) in seiner Frühlingsode ausspricht:

Rosen und Tulpen, wie schön ihre Wangen sind, schau!
Hängte ins Ohr ihnen reiche Juwelen der Tau!
Wähne nicht töricht, so bleibe nun alles genau!
   Trinke, sei fröhlich!
Vergeh'n wird der Lenz, nicht besteh'n!

Man mochte dem lachenden Frühling noch so viele Verse widmen
– er ging vorüber. Aber die Dichter entdeckten, dass auch der Herbst
seine Reize hatte – schließlich konnte man doch hin und wieder
unter den farbigen Herbstbäumen Trinkgelage halten, wie es Babur, der erste Mogulkaiser, aus seiner Jugend berichtet. Allerdings
gibt es Herbstgedichte meines Wissens nur selten in der klassischen
arabischen Literatur. Man findet jedoch ein „Herbstblätter" über-
schriebenes Gedicht bei dem Libanesen Mikail Nu'aima, der lange
in den Vereinigten Staaten lebte.

In den persisch-türkischen Landen aber beobachtete man den
Herbst genau – das Mehrgan-Fest wurde ursprünglich zur Herbst-
Tag-und-Nacht-Gleiche gefeiert, und die Dichter begrüßten es
freudig, weil dann „die Tochter der Rebe schwanger ist", das heißt,
die Weintrauben sind reif und lassen den köstlichen Wein erwarten. Ein früher persischer Dichter erkennt den Herbst als großen
Zauberkünstler, der das Grün der Blätter in pures Gold verwandelt,
und wer einmal die herbstlichen Bäume in Afghanistan und den
umliegenden Gebieten gesehen hat, versteht ein solches Bild sehr
gut. Sagte nicht schon Unsuri (gest. 1030) in einem von persischen
Kritikern hochgelobten Vers:

Aus Sehnsucht nach dem Antlitz der Rose und dem Antlitz der
   Freunde
wurde golden mein Antlitz und das Antlitz des Gartens.

Auch andere Interpretationen der Färbung der Blätter kommen
vor – der türkische Dichter Fuzuli (gest. 1556) sieht den Garten als
Buch (ein nicht ungewöhnlicher Vergleich, s. S. 137 ff.) und meint,

71

der Schreiber „Schicksal" habe das Blatt „Garten" zwar mit kleinen Goldfleckchen geziert (wie es in kostbaren Manuskripten üblich war), aber da die Bindung des Manuskriptes, der Bach, verschwunden sei, fielen die Blätter auseinander. Ein halbes Jahrhundert später schreibt Baki, der größte osmanische Hofdichter, in einer für ihn ungewöhnlich schlichten Sprache:

> *Kein Zeichen man vom Frühlingsglanz mehr fand;*
> *die Blätter fallen achtlos hin im Land.*
> *Die Bäume zogen Klausner-Kutten an,*
> *der Herbstwind raubt Platanen ihre Hand.*
> *Zum Strom hinunter fließt der Bäume Gold,*
> *denn Gunst von ihm erhoffen sie am Strand.*
> *Bleib' nicht im Garten! Wie im Wind er schwankt!*
> *Leer jeder Ast von Blatt und Früchten stand.*
> *Im Garten liegen Blätter wild verwirrt,*
> *als klagten still sie über Schicksals Hand.*

Ja, die Windböen reißen den Bäumen die Kleider ab und verstreuen sie als Teppiche. Daher fragt Farruchi:

> *Hat vielleicht der Blütenbaum Adams Sünde begangen,*
> *dass er nun wie Adam ohne Kleid dasteht?*

In solch einer Zeit sind auch Goldstücke kaum noch etwas wert, wie Qatran meint, weil überall Herbstgold umherliegt.

Es gibt noch einen anderen Aspekt des goldgelben Laubes: Frühe persische Dichter fragen in ihren Herbstgedichten, ob die Bäume etwa zu Juden geworden seien. Denn seit dem 9. Jahrhundert war Gelb in der islamischen Welt die für Juden kennzeichnende Farbe, und so erscheinen herbstliche Bäume in der persischen Poesie der Frühzeit manchmal „im Judengewand".

Im Allgemeinen war der Herbst, wie bei uns, eine Zeit der Melancholie, „wenn die Tage trauriger, die Nächte jenseitiger werden", wie Yahya Kemal seufzt, und wenn „die Reisetrommel für Rosen und Veilchen gerührt wird" (Mandschik).

Der Jasmin ließ die Perlenschnur aus der Hand fallen,
als die Rose die Korallenohrringe ablegte,

sagt Farruchi, während Nizami die roten Blätter gleich Blutstropfen fallen sieht und ein anderer Poet meint, der Weidenzweig scheine im Herbststurm von Schüttellähmung betroffen zu sein, weshalb der Garten krank und safranbleich aussehe… Ja, der Garten, der im Lenz einem strahlenden Pfau ähnelte, ist nun graubraun wie ein Rebhuhn (Farruchi), und alles, was einst schön war, verschwindet.

Die Rose dornig, bleich die Hyazinth,
den Thron des Salomo ergriff der Wind…
Die Rosen weinen Blut, verwirrt im Haine,
seitdem die Nachtigall dies Land verließ!
(Bayburtly Zihni)

Die Nachtigallen, deren Nester der Wind des Schicksals ebenso zerstört hat, wie er die Rosenblätter verstreut – sie werden nun durch Krähen ersetzt.

Mehr als sieben Jahrhunderte vor dem eben zitierten türkischen Volksdichter hat Nasir-i Chusrau den Herbst in Badachschan beschrieben. Alles hat sich gewandelt die einst so reiche Rose ist nun nackt, arm und krumm; die Krähe krächzt wie ein (schlechter) Rhetoriker vor sich hin, wo früher die Nachtigall ihre süßen Weisen sang; die Berge in der Ferne, eben noch mit wundervollen gestreiften Seidenmänteln bedeckt, gleichen jetzt dem Laden eines Bettlakenhändlers oder der armseligen Hütte eines Baumwollhechlers. Nun wird klar, dass der Glanz auf den Blättern nichts war als Katzengold, und während im Frühling der Wind den Garten zärtlich streichelte und mit ihm spielte, klingt seine Stimme jetzt wie die eines Greises, der versucht, mit seinen Jugend-Abenteuern zu prahlen …

In der persischen Dichtung – so bei Dschami – können die herbstlichen Bäume als buntes Notizbuch erscheinen, dessen farbige Seiten bald weiß und leer sein werden. Damit sind wir schon bei den Winterbeschreibungen, einem Genre, das wohl die wenigsten Leser in orientalischer Poesie erwarten würden. Doch gibt es Anspielungen auf Schnee – wenn auch selten – bei Sanaubari und seinen Zeitgenossen in Aleppo; denn hin und wieder kommt der Winter auch nach Syrien und in den Irak. Aber die Aleppiner Hofpoeten spielten eher entzückt mit dem seltenen Phänomen des Schnees – man wusste ja, er würde bald schmelzen.

Ein silberner Tag ist es; drum
     vergolde den Becher mit Wein –
Es lädt weißverschleiert die Luft
     zur Brautschau im Perlenschmuck ein.
Glaubst du, es sei Schnee? Rosen sind's,
     die zitternd auf Zweigen erblüht!
Die Rose des Lenzes ist rot;
     weiß blüht sie im Winter im Hain!

Sanaubari scheint den Anblick des Schnees zu genießen, ähnlich wie sein Freund Kuschadschim, der fragt, ob da Schnee falle, Silber geschmolzen oder Kampfer zerrieben werde. Die Vorstellung, dass der Schnee auf den Zweigen als weiße Rose zittert, ist noch in der neueren türkischen Lyrik zu finden. Sanaubari ging so weit, die Schneeflocken mit Perlen auf Zweigen von Peridot zu vergleichen, und einige seiner Zeitgenossen hielten den Schnee für „lachende Zähne". Und wenn Frühling und Regen bunte Kleider weben, so legt der Schnee der Erde ein weißes, zugeknöpftes Gewand an oder bedeckt die Zweige mit einem Hermelinpelz, wobei die schwarzen Krähen den Hermelinschwanz darstellten (Qatran). Das noch unveröffentlichte Manuskript eines zur Zeit Sultan Selims I. arabisch schreibenden osmanischen Autors aber preist den Winter als eine Manifestation göttlicher Güte, wenn „kristallklare Tische ausgebreitet werden und Perlen vom Himmel fallen" – eine Zeit, in der Gottes Gnade besonders deutlich wird.

Näher der unangenehmen Realität des Winters ist sein Zeitgenosse und Landsmann Necati (gest. 1508) in Istanbul, der die Schneeflocken zerstörerischen Heuschrecken gleichsetzt:

Da Schneeheuschrecken aus der Luft geschneit,
hoff' Ernte nicht vom grünen Feld der Freud'!
Die Wolken gleich Kamelen erdwärts schäumen,
des Frohsinns Karawane packt ohn' Säumen …

Denn wo sollte man jetzt noch fröhlich feiern? Verjagt nicht der Wintersturm alles, was den Menschen erfreut? Jahrhunderte vor Necati verglich ein persischer Dichter die wirbelnden Schneeflocken mit „weißen Tauben, die, vor einem gewaltigen Falken fliehend, ihren Weg verloren haben". Und so harrt der Garten der linden Lüfte, der Musik der Vögel und des Blumenduftes – und schweigt. Er hortet seine Schätze in der dunklen Erde, um sie im Frühling wieder hervorzuholen und auszubreiten, wenn „der verrückte Dieb Winter" besiegt ist und die Blumen händeklatschend auf seinem Grab tanzen. Dann ist die Zeit, da der ersehnte Geliebte wieder erscheint und seine Schönheit in Blumen und Grün manifestiert. Doch einen melancholischen Dichter wie Mirza Ghalib erinnern selbst die Frühlingsblumen noch an den Winter,

als sei ein Rest vom Feuer der Winternächte noch
die Tulpe mit dem Brandmal, der Hyazinthe Rauch.

Aber man darf nicht vergessen, dass es in den heißen Ländern nicht
der Winter ist, in dem die Menschen sich nach frischem Grün seh-
nen, sondern viel mehr der Sommer, der alles ausdörrt und das
Leben völlig lähmt. Dann gleichen die Gärten, wie Dichter im Dekkan sagen, dem Schlachtfeld von Kerbela, wo der Prophetenenkel
Husain im Jahre 680 fiel, und wie er und die Seinen durch sengen-
de Sonne und Hitze Durst litten, so liegen nun Blumen und Sträucher kraftlos, ja scheinbar tot darnieder, bis der herbstliche Regen
ihnen die ersehnte Auferstehung bringt, die der Koran versprochen
hatte. Und so hat nicht nur eine Anzahl von Dichtern in den süd-
licheren Gebieten der islamischen Welt die tötende Hitze des Sommers besungen und dem erfrischenden Herbstregen entgegenge-
sehen, sondern auch der pathanische Dichter Chuschhal Chan
Chattak (gest. 1689), der in seiner Ode auf den Herbst, wenn die
Welt in das Zeichen der Waage eintritt und der Canopus-Stern am
Himmel leuchtet, mit genau den gleichen Bildern seine Freude
schildert, mit denen viele andere Dichter das in ihren Frühlingslie-
dern tun:

Jasminenblütendüfte strömen jetzt
von jedem Baum, von jedem Strauch herein.
Das Gras grünt überall – ein Anblick hold:
Basilienduft, berauschend fast wie Wein …
In einer solchen Zeit, da fühlt man sich,
als träte man ins Paradies schon ein …

Die Blumen des Gartens

Mehr als die Historiker, mehr auch als die Miniaturmaler haben die Dichter uns von den Blumen erzählt, die in den Gärten der islamischen Welt wuchsen. Jede von ihnen hatte ihre Eigenheiten, ihren Charakter, der von den Poeten angedeutet und überhöht geschildert wurde. Dabei ist jedoch zu bedenken, dass die genauen Definitionen und vor allem die Entsprechungen bestimmter Namen in einer anderen Sprache nicht immer klar sind – die Wörterbücher lassen den Leser manches Mal im Stich und überlassen ihm, aus dem Zusammenhang zu erschließen, ob es sich um eine Lilie oder ein Maiglöckchen handelt. Dazu kommt dann noch der Unterschied der Bedeutungen im Arabischen, Persischen und Türkischen oder Urdu. Allerdings liegt eine ganze Anzahl von Namenslisten vor; sie widersprechen sich aber mehrfach.

Trotzdem sei eine kleine Übersicht über die poetische Blumenbeschreibung versucht, die, wie es auch im Deutschen sein würde, im Lob der Rose gipfelt.

Zentral für alle Gartenanlagen waren Duftkräuter. *Raihan* ist das duftende Basilikum, das immer wieder erwähnt wird – so auch als Sammelbegriff für alles Duftende; denn im Plural, *riyāḥīn*, umfasst es generell die duftenden Blumen, und der „Basiliengarten" wird zum Inbegriff süßer, betörender Düfte.

> *Wir wär' man fröhlich ohne* raiḥān?
> *Genöss' ein Konzert man ohne Gesang?*

Auch die Levkoje und der Goldlack erscheinen unter den ihres Duftes wegen gepflanzten Blumen, wobei betont wird, dass sich deren Duft erst in der Dämmerung recht entfaltet; „als wäre es der Duft einer Geliebten, die ihren Liebhaber heimlich besucht". Eine andere stark duftende Pflanze aber, der Lavendel, wurde zumindest in der früheren Zeit nicht im Garten gepflanzt, denn Ibn Ghanim hört ihn „mit stummer Eloquenz" sagen, dass er außerhalb der Gärten blühe, asketisch wie Jesus und geduldig wie (der zum Opfer bereite) Ismail sei und im Gegensatz zu den Gartenblumen sich rühmen kann:

> Ich sitze nicht bei denen, die trinken und betrunken werden;
> ich bin frei und werde nicht auf dem Markt verkauft
>   (wie Sklaven)...

Vielerlei Blumen kommen hin und wieder in der Gartenpoesie vor – da gibt es Klee und die gelbe Ringelblume, die man zur Haarpflege benutzen konnte; Bohnenblüten werden ebenso erwähnt wie die hübschen blauen Blüten des Flachses und die Henna-Blüte, die besonders gerühmt wird. Doch am häufigsten erscheinen Narzisse und Rose, Veilchen und Hyazinthe, Lotosblume und Anemone. Im Folgenden soll eine kleine Übersicht über die poetische Verwandlung der beliebtesten Gartenblumen versucht werden.

Die Margerite

Die im Arabischen als *uqhūwān* bezeichnete Blume wird mit „Kamille", „Gänseblümchen", „Chrysantheme" übersetzt, ist also am neutralsten als eine Art Margerite mit einem weißen Strahlenkranz von Blütenblättern um das gelbe Zentrum zu beschreiben.

Diese Blume erscheint häufig in der klassischen arabischen Dichtung, und wenn die Rose mit Wangen, die Narzisse mit Augen verglichen wird, dann steht die Margerite meist für die weißen Zähne. Daher können Gärten lächeln, wenn sich die Margeriten bei fröhlichen Gelagen auftun:

Da lächelte die Erde … und die Margeriten waren ihre Eckzähne
und die wilde Narzisse (bahār) *ihre Schneidezähne…*

heißt es schon in frühester Zeit. Ein andalusischer Dichter meinte, neben den „errötenden Rosen-Wangen" ähnelten die Margeriten „Mündern von viel redenden Paradiesesjungfrauen". Der häufige Vergleich mit dem Mund lässt einen anderen Poeten vermuten, diese Blumen saugten an der Brust der Regenwolke.

Neben diesen Vergleichen erscheint die Margerite natürlich auch oft als Stern. Ein andalusischer Dichter aber, der sie mit der Silberschnur einer Perlenkette verglichen hatte, wurde von einem Ästheten getadelt, der ihm bessere Vergleiche vorschlug: Er hätte sie als Silberpokale sehen können, deren Grund reines Gold ist, oder sie vielleicht mit gelben Edelsteinen an Silberringen oder mit Sternen in weißem Kristall vergleichen können. Der raffinierteste und auch für uns interessanteste Vergleich ist, dass die Margeriten „Kristallpokale in der Hand einer holden Dame sind, Pokale, in denen noch ein Rest Wein (= die gelbe Mitte) übrig geblieben ist".

Die Hyazinthe

Offenbar war bis in die Neuzeit nur die dunkelblaue Spielart der Hyazinthe im Orient bekannt. 1579 sollen 500 000 Hyazinthenknollen an den Hof von Istanbul geliefert worden sein! Die Blume wird immer mit den krausen dunklen Locken eines geliebten Wesens verglichen – „Hyazinthen rings um eine Rose" – das sind Löckchen um ein rosiges Gesicht. Nicht unbedingt bescheiden sang daher die Mogulprinzessin Zebunnisa, die Tochter Aurangzebs:

Zeigte ich mein Gesicht dem Meer,
würden zu Rosen die Schuppen der Fische;

breitete ich in der Wüste mein Haar,
würde sie ganz zum Hyazinthenfeld!

Und ein persischer Poet des 12. Jahrhunderts spricht von den – offenbar kunstvoll geflochtenen – Haaren des/der Geliebten und meint:

Du legst ein Kreuz aus Hyazinthen auf deine Rose –
du machst ja viele Muslime zu Christen!

Denn wenn ein verliebter Muslim ein solches Kreuz sieht, besteht die Gefahr, dass er seinen Glauben aufgibt! Andere aber mochten sich fragen, ob sich die Hyazinthe vielleicht aus Neid gekrümmt habe, als sie die krausen Löckchen des Geliebten sah (so die türkische Dichterin Fitnat).

Zu der auffallenden Kräuselung der Hyazinthenblüten kommt noch ihr starker Duft – das macht es leicht, die dunkle Blume mit schwarzem Moschus zu vergleichen, und die Locken, duftend vom reichlich verwendeten Moschus, konnten so im doppelten Sinn zu Hyazinthen werden. Das Alter aber „gießt Jasmin auf die Hyazinthen" – das Haar wird weiß (Hilali).

Auch mit dunklen, gekräuselten Rauchfahnen wurden diese Blumen verglichen, vor allem wenn sie um ein Beet mit feuerroten Blumen standen; sie waren „Rauch vom Feuer der Rosen oder Tulpen".

Dass der Dichter manchmal so intensiv an die duftenden Locken der Geliebten dachte, dass er melancholisch, also „schwarzgallig", wurde und seine trüben Gedanken sich dann rauchgleich zum Himmel ringelten, wundert den Leser am Ende gar nicht mehr, und er versteht Bakis Seufzer:

Dunkelblauer Rauch der Seufzer
(– denk' ich an dein Haar!)
wird zu blauen Hyazinthen, Locken ohne Zahl …

Lotosblume, Nymphea, Seerose

Die Lotosblume ängstigt
sich vor der Sonne Pracht,

heißt es bei Heinrich Heine, obgleich sie sich in Wirklichkeit im Sonnenlicht auftut. Auch für die Dichter der islamischen Welt war die Lotosblume meist ein scheues, oft auch melancholisches Wesen. Da ein Teich oder Wasserbecken unbedingt zu einem Garten gehörte, dürfte die Seerose wohl den meisten Dichtern vertraut gewesen sein.

Ich habe das Trauerkleid genäht wie die Lotosblume,

singt Rumi, während schon vor ihm ein persischer Dichter „das Kleid des Kummers wie die Lotosblume" angelegt hatte. Denn die bläuliche Farbe der im Orient besonders verbreiteten Art erinnerte nicht nur an das Himmelsblau (die Himmelskuppel kann als *nīlū-farī*, „lotosähnlich" erscheinen), sondern auch daran, dass Blau die typische Farbe der Trauer und der Askese ist.

Das wohl berühmteste Gedicht über die Seerose stammt von einem der ersten persischen Poeten, Kisa'i, dessen zarte Blumengedichte die spätere Entwicklung der Bildersprache schon ahnen lassen:

Den blauen Lotos sieh im Wasser ruhn –
ein Damaszenerschwert mit flüss'gem Stein,
an Art und Farbe ganz dem Himmel gleich,
denn in ihm liegt ein Mond mit vollem Schein;
auch gleich dem Mönche, goldblass das Gesicht,
der sich in blaue Kleider hüllte ein.

Heiterer sind die Verse Ibn Abdschads in Andalusien:

Siehst du der frohen Lotosblüte Frische,
den süßen Duft, den ihre Mitte trägt?
Sie gleicht an Glanz der Schale voller Perlen,
in die man schwarze Ringe eingelegt.

Einer seiner Landsleute sah die Blume zu Recht als Liebhaberin der Sonne; denn wenn diese am Abend verschwindet, schließt auch sie die Augen, um ins Wasser zu tauchen.

Ein Teich erstrahlt mit seiner Lotosblume –
der Zephir gleicht des Liebsten Odem wohl,
bis dann, wenn langsam sich der Abend nähert,
die Sonne sich zum Untergehen neigt,
die Blume ihre Augenlider schließet
und in den Teich taucht, den Rivalen fürchtend.

Auch Hafis kennt diesen Gedanken; ein anmutiger Vierzeiler, den Rückert übertragen hat, verwendet ein ähnliches Bild:

Geh in der Nacht im Garten an die Flut,
wo schon der Lotos unterm Wasser ruht.
Entschlei're dich! Er taucht empor und hält
für Sonnenaufgang deiner Wangen Glut!

Für Ibn Ghanim aber ist die Seerose ein echter Mystiker, denn sie sagt:

Ich kehre zurück in die Klause meines Gottgedenkens;
Nicht weiß der Unwissende, wo ich bin,
und nicht unterscheidet der Tadler zwischen dem, den ich liebe,
  und mir,
und wohin immer meine Liebesbrise weht, sehe ich mir gegen-
  über nur Ihn …

Der Teich wird für Dichter des Dekkan zu einem Silbertablett mit blauer Emaillearbeit, und es ist sicher kein Zufall, dass sich in der Mogularchitektur das Motiv der Lotosknospe bei der Einfassung von Wasserbecken fast überall findet.

Ein Bild aber fehlt in der klassischen islamischen Dichtung, das in Indien ganz geläufig ist: die Liebe zwischen Lotos und der großen schwarzen Hummel. Nur im Dekkan heißt es:

> *Als die Lotosknospen sich auftaten, kamen die großen Hummeln*
> *wie Rauch, der aus Weihrauchbecken aufsteigt.*

Die Nelke

Selten taucht die Nelke in der frühen Poesie auf, obgleich sie als Gewürzpflanze bereits bei dem vorislamischen Dichter Imrulqais vorkommt. Offenbar auch in dieser Eigenschaft erscheint sie in einem frühen persischen Gedicht, in dem die jungen Schenken besungen werden, die am Hals „Kreuze trugen wie Nelken ohne Stiel". Denn die Weinhäuser wurden von Christen geführt, und oft sind „Kloster" und „Weinhaus" in der arabischen und persischen Poesie gleichzusetzen. Aber für den osmanischen Dichter Baki wird das Brandmal, das sich aus Liebesglut auf seiner Brust zeigt, zu einer – natürlich roten – Nelke:

> *Er sah auf das frische Brandmal meiner Brust und sprach:*
> *Welche schöne rote Nelke blüht in diesem Tal!*

Diese Blume war und ist besonders in der Türkei beliebt. Die Teller und Vasen, Schalen und Schüsseln der Iznik-Keramik, die seit dem 16. Jahrhundert jeden mit ihrem Blumendekor entzückten, zeigen neben den typischen Tulpen oft Nelkenmotive. Das gilt auch für Stickereien und Gewebe.

Und auch das wohl schönste Nelkengedicht der orientalischen

Tradition stammt aus der Türkei. Es ist der Seufzer des 1933 verstorbenen Ahmed Haschim:

> *Ein Flammentropfen, der von der Geliebten Lippe*
> *gebracht ward – das ist diese Nelke.*
> *Ich merkte es an ihrer Bitterkeit.*
> *Da ringsumher, so wie erschlagen, fallen*
> *von ihrem wilden Duft die Schmetterlinge,*
> *ist auch mein Herz zum Falter ihr geworden.*

Die Lilie

In den orientalischen Gärten hatte auch die Lilie ihren Platz. Sie erscheint den Dichtern meist als tapfere Blume, denn ihre weiß glänzenden Blütenblätter gleichen einem Schwert, sogar dem wunderbaren Schwert Dhu'l-fiqar, das der vierte Kalif Ali gegen die Feinde schwang. Wenn gar der Tau auf sie fällt, scheint es, als seien ihre Blütenblätter damaszierte Schwertklingen. Und während sie in Maulana Rumis Dichtung das Schwert gegen den grausamen Winter zieht, hilft sie in Sanaubaris arabischen Versen, die Rose gegen die Narzisse zu verteidigen.

Doch sind die Blütenblätter der Lilie nicht nur schimmernde Klingen, sondern auch Zungen:

> *Die Lilie will mit allen Zungen loben*
> *Dich, Herr, und trägt daher das Haupt erhoben!*

heißt es in Attars großer Frühlingshymne. Aber sonderbar! Ihr Lob ist unhörbar; sie ist trotz ihrer zehn Zungen stumm!

> *Ganz sprachlos ist hier mit zehn Zungen die Lilie;*
> *denn in diesem Garten, wer könnte wohl sprechen?*

Die Nähe Gottes überwältigt die sonst so eloquente Lilie, und sie schließt ihre „zehn Zungen".

Diese zehn Zungen, mit denen die Lilie in der Poesie immer erscheint, haben übrigens den großen österreichischen Orientalisten Joseph von Hammer-Purgstall (dessen Hafis-Übersetzung Goethe inspirierte) sehr beunruhigt. Er, der sonst die Bildersprache persischer Poesie so gut verstand, nahm die runde Zahl Zehn ganz ernst und beauftragte einen Freund, der nach Persien reiste, doch eine solche „zehnzüngige Lilie" zu finden und ihm mitzubringen – leider vergebens!

Noch ein anderes, religiöses Symbol ist mit der Lilie verbunden, zumindest im dichterischen Werk Muhammad Iqbals (gest. 1938), der die Blume als *al-yad al-baiḍā* sah, als „Weiße Hand", das Kennzeichen des Moses (Sure 20,22). Diese Weiße Hand wird als Zeichen der prophetischen Kraft betrachtet, und der moderne Dichter-Philosoph erkennt in der aufrechten Schwertlilie eine Manifestation dieser wunderwirkenden Kraft.

Im klassischen Arabisch freilich hatte die Lilie auch eine negative Bedeutung, was vor allem in der Interpretation von Träumen deutlich wird (s. S. 142 ff.), denn ihr Name *sausan* konnte als *su' sana*, „schlechtes Jahr", gelesen werden.

Das Veilchen

Trägt Veilchen Deines Klosters Trauerkleid
und senkt den Kopf so tief aus Trennungsleid.

So beschreibt der persische Mystiker Attar in seinem Blumen-prolog zum *Ilāhīnāma* die kleine dunkle Blume, die gern von den Dichtern erwähnt wird. Der ägyptische Schriftsteller as-Suyuti (gest. 1505) widmet dem Veilchen einen besonders langen Abschnitt in seinem Werk *Ḥusn al-muḥāḍara* und stellt fest, dass es zwei Arten von Veilchen gebe, das Bergveilchen und das Gartenveilchen. Das Bergveilchen habe zarte Blätter und sei blau; das Gartenveilchen habe breite Blätter und die Farbe weißer Wolle; es gebe auch wachsfarbene darunter, und es komme nur in Ägypten vor. Nachdem Suyuti so seine botanischen Gewährsleute zitiert hat, spricht er ausführlich darüber, wie man die empfindliche Pflanze nicht behandeln solle. Offenbar liebte der Schriftsteller Veilchen; denn er beschreibt sie viel ausführlicher und poetischer als die anderen Blumen:

Eine Blume in ihrem himmelfarbenen Gewand, mit moschus-
duftenden Atemzügen, die ihren Kopf auf die Knie legt gleich
einem von der Geliebten getrennten Liebenden ...

Seine in Reimprosa schwelgende Beschreibung bietet dann recht sonderbare Vergleiche, die sich zum Teil ebenfalls in einem andalusischen Gedicht finden, wo die Blume auch mit „blauen Papierschnitzeln" verglichen wird. Sind die Veilchen vielleicht dunkle Lippen oder aber Schmetterlingsflügel, aus Perlen bestehend und von Maulbeersaft gefärbt? Schließlich erscheint dem geduldigen Leser das Veilchen „wie an der Spitze von Schwefel beginnendes Feuer oder wie die Spur, die das Kneifen auf der Wange einer Jungfrau hinterlässt ..."

Diese Vergleiche wurden bereits im 9. Jahrhundert wegen ihrer

Eleganz gelobt. Andere Vergleiche leuchten uns mehr ein, so der des Veilchens mit dunklen Ringellöckchen. Man kann aber auch verstehen, wenn ein persischer Poet behauptet, der Pfau setze sich eine neue Mütze aus Veilchen auf den Kopf. Meist jedoch erscheint das Veilchen als alter Asket, der gebückt und bescheiden auf seinem grünen Gebetsteppich, dem Rasen, hockt und eine dunkelblaue Kutte trägt, wie es in der Frühzeit bei den Sufis Sitte war. Es kann auch als betagter Frommer erscheinen, der ständig die Gebetsposition des *rukūᶜ*, des Kniens, einhält. Oder trägt die Blume einfach ein Trauergewand, wie Sanaubari meint? Weint es in seinem Trauerkleid aus Sehnsucht danach, dass endlich die Rose erscheinen möge? Und ein Unglücklicher legt, wie es im Türkischen heißt, den Kopf auf „das Knie des Kummers", als sei er ein Veilchen.

Der indische Dichter Amir Chusrau (gest. 1325) nennt das Veilchen *ajraqpūsch*, „blaugewandet". Das könnte auch bedeuten, dass es den *ajrak* (aus dem arabischen *azraq*, „blau") trägt, der ein für die Landschaft Sind typisches Allzwecktuch ist, das bis heute im Industal hergestellt und getragen wird; es besteht aus weißer, dunkelblau, rot und schwarz bedruckter Baumwolle und wirkt auf einige Entfernung tatsächlich violett.

Der gleiche phantasievolle Dichter behauptet auch, das Veilchen lerne wohl „das Alphabet des Rasens" und blicke trotz seines Alters noch neugierig auf das frische Grün – was in der poetischen Sprache den „grünenden", eben erscheinenden Wangenflaum des Jünglings bedeuten kann. Dieser Flaum wiederum wird auch manchmal wegen seiner dunklen Farbe als „Veilchen" bezeichnet – „Veilchen sprießen auf der Rose" heißt, etwas weniger poetisch, einfach „Der erste Bartflaum erscheint auf der Wange des Jünglings". Auch ein Mädchen in Trauerkleidern konnte dem Künstler wie „eine Rose in Veilchen" erscheinen. Doch erscheint das Veilchen auch in einer anderen Bildsphäre: Im 9. und 10. Jahrhundert wurde es mit den schwarzen Bannern der damals herrschenden abbasidischen Dynastie verglichen – ein Bild, das sich auch nach dem Ende des Abbasidenreiches 1258 in der persischen und türkischen Poesie gehalten hat. Häufiger aber, vor allem in der panegyrischen Dichtung, erscheinen die kleinen Veilchen als besiegter Feind, und der Poet wünscht seinem Mäzen, dass seine Feinde wie Veilchen werden möchten, zitternd am Boden zusammengekauert ...

Alle diese Bedeutungen und noch manche andere kann man in einem persischen Gedicht des 12. Jahrhunderts finden, dessen durchgehendes Reimwort in den 32 Versen *banafscha*, „Veilchen", ist. –

Besonders wichtig war in der mittelalterlichen Medizin das Veilchenöl. Man entdeckte sogar dem Propheten Muhammad zugeschriebene Aussagen über diese Pflanze und ihren Nutzen. So zitiert Suyuti das Wort des Propheten:

Der Vorzug des Veilchens über die anderen Öle ist gleich meinem Vorzug über die anderen Menschen: kühl im Sommer und warm im Winter.

Andere angebliche Aussprüche des Propheten, die Suyuti zitiert, lassen das Veilchenöl so viel vorzüglicher als andere Öle sein, wie der Nachkomme Abd al-Muttalibs (d. i. Muhammad) vorzüglicher ist als die anderen Mitglieder des Stammes Quraisch oder wie der Islam gegenüber den anderen Religionen.

Veilchenöl wurde gegen Melancholie angewandt, und ein arabischer Historiker, der von der Herrschaft des unberechenbaren fatimidischen Kalifen al-Hakim (reg. 999–1021 in Ägypten) spricht, meinte, dieser habe an Schwermut gelitten und „man hätte ihn in Veilchenöl legen müssen, um seinem trockenen Gehirn mehr Feuchtigkeit zuzuführen" – ein Versuch, die Melancholie mit Hilfe der „melancholischen" dunklen Blume zu heilen.

Die Anemone (Adonisröschen)

Die frühe arabische Dichtung kennt noch nicht die Tulpe, die später zum Inbegriff des leuchtend Roten werden sollte. Die Gärten wurden von der Anemone belebt, die, wie Qazwini bemerkt, im Persischen *lāla* heißt – was wir mit „Tulpe" übersetzen. Oft werden beiden Blumen die gleichen Eigenschaften zugeschrieben.

Es heißt, der lachmidische Fürst an-Nuᶜman ibn Mundhir von Hira habe die Anemone über die Maßen geliebt, weshalb sie auch mit seinem Namen verbunden blieb: *schaqāʾiq an-Nuᶜmān*. Die arabischen Dichter des 9. und 10. Jahrhunderts überbieten sich in Beschreibungen der strahlenden Blumen, die besonders schön sind, wenn Tautropfen sie befeuchten:

> *Anemonen, die den Tau tragen, als seien das Stränge von Perlen auf den Wangen von Jungfrauen.*

So sagt al-Buhturi. Andere werden durch die roten Blumen an die Farbe des Rotweins erinnert. Freilich sind Anemonen auch zu tadeln, „weil sie die Röte von den Wangen liebreizender Mädchen gestohlen" haben. Denn immer wieder wird die Anemone mit Wangen verglichen – offenbar bevor für diesen Vergleich fast ausschließlich die Rose gewählt wurde. Für Sanaubari sind:

> *Rosen um Anemonen: Gesichter, die auf Flammen blicken.*

Aber sein Freund Kuschadschim sieht in den Blüten „vier Wangen, deren jede ein Schönheitsmal trägt". Sie können auch schwarze Augen von Liebenden sein, die in blutigen Tränen schwimmen, wie Ibn ar-Rumi meint.

Da die Blume zart ist und sich leicht im Winde bewegt, werden auch andere Vergleiche erfunden: Sanaubari, der Anemonen liebte, sieht sie als Tänzerinnen in „schwarzgestickten roten Seidenmänteln", und in einem anderen, nicht seltenen Bildzusammenhang

erscheinen sie wie rubinene Fahnen auf Fahnenstangen aus Peridot – rote Fahnen, die den triumphalen Einzug des Frühlings be-
gleiten (ohnehin wurden rote und gelbe Blumen manchmal mit
den Fahnen arabischer Stämme verglichen).

Und wie es später für die Tulpen galt, so sahen die Dichter der
arabischen Frühzeit Anemonen auf dem Grab eines Liebenden
wachsen, wo sie von den Flammen der Liebe Zeugnis ablegen, die
sein Herz einst erfüllten.

Die Tulpe

In der frühen arabischen Dichtung spielte das Adonisröschen die
gleiche Rolle wie die Tulpe im persisch-türkischen Raum, und es
ist bemerkenswert, dass einige frühe persische Dichter von *lāla-i
nuʿmān* sprechen und so den Namen der roten Anemone zumindest halb auf die Tulpe übertragen. Und um die Situation noch
etwas mehr zu komplizieren: *lāla* bedeutet in der traditionellen
indo-muslimischen Poesie, vor allem im Dekkan, oft den roten
Mohn, da die echte Tulpe offenbar im südlichen Indien nicht vor-
kam. Auch in Kasachstan sieht man im Frühling rote Mohnfelder
in der Steppe, keine Tulpen.

Die Tulpe war, wie es scheint, eine Lieblingsblume der Dichter
im persisch-zentralasiatischen Raum. Wer einmal im Frühling in
Afghanistan gesehen hat, wie die Berghänge mit unzähligen kleinen, leuchtend roten Tulpen bedeckt sind, versteht das Entzücken
der Menschen, denen diese Blume die Zeit der Freude nach dem
harten Winter ankündigte.

Frühling – das war die Zeit, da man im Garten trinken konnte –

's ist Lenz! Narzisse nun ergreift das Glas
und Tulpe hebt jetzt den Pokal im Gras!

Bei Hafis erscheint diese Blume daher fast immer als Pokal mit rotem Wein, glänzten doch die Tautropfen in ihr wie lieblicher Trank.

> *Der Saum des Rasens wurde gefüllt von Leuchten dank diesen*
> *   Tulpen;*
> *der Mund der Tulpen wurde gefüllt von Perlen hell dank dem Tau!*
> (Watwat)

Bald wurde die Tulpe personifiziert, wurde zum Bild des dem Wein nicht abgeneigten hübschen Jünglings mit schräg aufgesetzter roter Seidenkappe,

> *der ein rosenfarbenes Hemd angezogen hat,*
> *das mit Tau-Knöpfen geziert ist.*
> (Cafer Çelebi)

Und der persische Hofdichter Qa'ani meint:

> *Tulpe sitzt schweigend – ein reizendes Liebchen – im Saal,*
> *da sie im Garten zu oft sich gefüllt den Pokal,*
> *rötlich das Antlitz und stammelnd die Zunge zumal,*
> *und auf der roten Wange von Moschus ein Mal –*
> *wie ein Verliebter, dem Kummer das Herz lässt verloh'n!*

Vor allem der Gegensatz zwischen dem leuchtend roten „Kleid" der Tulpe und ihrem dunklen Blütengrund um die Staubfäden entzückte die Dichter und inspirierte sie zu immer neuen Vergleichen. Maulana Rumi, dem die persische Literatur die lebendigsten Frühlingsgedichte verdankt, hat der Tulpe hohes Lob gespendet:

> *Noch schöner ist der Tulpen Kleid,*
> *denn das ist rot und schwarz:*
> *Ihr Saum gehört der dunklen Nacht,*
> *ihr Kragen: eine Sonne.*

So überstrahlt sie im Festkleid, das der Lenz allen Blumen schenkt, die anderen Gartenbewohner.

Man konnte auch denken, dass die Tulpe ihren roten Mantel mit schwarzem Moschus parfümiert habe, oder, wie der immer nach ausgefalleneren Bildern suchende Qatran meint: Die Tulpe gleicht einem indischen Papagei (= ihre grünen Blätter) mit blutrotem Schnabel, an dessen unterem Ende Pech klebt.

Dschami (gest. 1492) fasste verschiedene Vorstellungen von der Tulpe (die denen der frühen arabischen Dichter von der Anemone ähneln) in einer seiner Frühlingsbeschreibungen zusammen:

Lenzwolken breiten sich aus; Tulpen tragen einher
einen rubinenen Schirm auf dem smaragdenen Grund.
Tulpe – ein reizendes Lieb' – färbte ihr Hemd rosenrot –
ist nicht der Liebenden Saum rot von des Martertums Blut?
Oder hat unter dem Staub nur ihrer Brandwunde Glut
sich erhoben und hat leuchtende Flaggen gehisst?

Andere Poeten machen der Tulpe zum Vorwurf, dass sie leichtsinnig sei, „mit schwarzem Herzen und doch lachend", oder, wie es noch verachtender heißt: Obgleich sie rotwangig (*surchrū*) aussieht (was im Persischen auch „ehrenwert" heißt), hat sie doch ein schwarzes Herz, ist also eine Heuchlerin. Das Gleiche lässt Ibn Ghanim die Anemone sagen: Sie klagt, fern vom Objekt ihrer Liebe zu sein, aber das kommt, meint sie,

weil mein Herz geschwärzt von Sünden ist,
und wer mich sieht, denkt, ich sei gut, jedoch
ich weiß sehr wohl, dass ich ein Heuchler bin!

Der schwarze Blütengrund gab den Dichtern immer neue Ideen, und so kam es in der Spätzeit auch zu recht geschmacklosen Formulierungen – Mirza Ghalib (gest. 1869) sah in dem dunklen Fleck eine Portion Kebab, gebraten im „Feuer des Frühlings".

Die bekannteste und sicher auch bewegendste Interpretation der Tulpe aber stammt von Nachschabi in Indien (gest. 1350):

Die Tulpe hat einen einzigen Brandfleck im Herzen,
  und alle Welt weiß es.
Ich aber habe Hunderte Wunden im Herzen,
  und niemand, ach!, weiß es.

Ist die Tulpe in ihrem roten Kleid nicht ein Leidender, ein Liebender, der immer nur seines Geliebten denkt? Man kann das religiös interpretieren, wie Attar in seiner Vorrede zum *Ilāhīnāma*, wo er den Schöpfer anredet:

Ihr Herzblut trinken Tulpen, die Dich lieben:
die Wange bleich, ihr Herz blutrot geblieben …

Man kann die Tulpe sogar als *fleur de la souffrance*, „Blume des Leidens", bezeichnen, wie Irène Mélikoff das getan hat.

Es mag auch sein, dass die Tulpe sich aus Scham vor der Schönheit der Geliebten in Blut taucht; oder aber der Dichter sieht die Tulpen, die am Berghang blühen, als Blutstropfen an, die von früheren Herrschern übrig geblieben sind. Sie kann bestimmte leidende Helden repräsentieren: Wenn ein Dichter meint, sie habe ihre Gebetswaschung mit Blut vollzogen (was freilich gesetzlich verboten ist), so spielt er auf den Tod des Märtyrer-Mystikers Halladsch an, der diesen Ausdruck verwendete, als man ihm Hände und Füße abschlug. Die Tulpe erscheint auch, obgleich selten, als Yusuf – der biblische Joseph – „im blutbeschmierten Hemd". Brachten nicht Josephs Brüder das Hemd des angeblich vom Wolf Zerrissenen zu ihrem Vater? (Sure 12, 18). Doch näher der persischen Tradition ist Dschami, wenn er auf die Sage von Farhad und Schirin anspielt. Farhad, der Architekt, der die schöne Prinzessin Schirin von ferne liebte, nahm sich das Leben, als man ihm die falsche Nachricht von ihrem Tode brachte. Am Berge Bisutun in Iran, durch den er ihretwegen einen Kanal gegraben hatte, blühen noch immer wilde Tulpen:

Sieh, wie in Bisutun die Tulpe versunken ist in Blut,
als kämen leuchtende Rubine aus einem Schacht voll Glut.
Nein, nein! Aus Farhads Herzen kam heißer Liebesbrand,
zum Feuermeer verwandelt siehst du die Felsenwand.

Häufiger noch erscheint die Tulpe als Farhads Blut, und in der schiitischen Tradition lässt diese Blume an das Blut der Märtyrer von Kerbela denken, jener historischen Stätte, wo der Prophetenenkel Husain ibn Ali am 10. Muharram 680 von den omayyadischen Regierungstruppen getötet wurde.

Doch die Kultivierung der Tulpe im Osmanischen Reich hatte die wilde Steppenblume zu einem Luxusobjekt werden lassen. R. G. von Busbecq, der als flämischer Gesandter im Osmanischen Reich wirkte, beschreibt erstaunt die weiten Tulpenfelder zwischen Edirne und Istanbul; 1578 brachte er die ersten Tulpenzwiebeln nach England, und 1600 begann die Tulpenzucht in Holland, aus der sich dann in Europa geradezu eine Tulpenmanie entwickelte, wobei die Zwiebeln der aus der Türkei importierten Blume unvorstellbare Preise erreichten.

In der Türkei selbst ist die Zeit Sultan Ahmads III. zwischen 1700 und 1730 als *lâle devri*, „Tulpenzeit", bekannt – eine Zeit verfeinerter Kunst und eleganten Lebens, in der die in immer neuen Variationen gezüchtete Tulpe eine zentrale Rolle spielte und in der ihr auch besondere Schriften gewidmet wurden. Doch schon zuvor wurde die elegante Blüte in den verschiedensten Varianten auf Fayence und Samten, auf Fliesen und Seiden dargestellt, eingewebt, eingestickt – die Fliesendekorationen der Rüstem-Pascha-Moschee in Istanbul zeigen nicht weniger als 37 verschiedene Tulpenmotive. Und türkische Freunde erklärten mir ihre Vorliebe für die Tulpe damit, dass das Wort *lāla* aus den gleichen Buchstaben bestehe wie *hilāl*, „Halbmond" (dem Zeichen des Islam) und *Allāh*, „Gott". Musste man eine solche Blume nicht lieben?

In der östlichen islamischen Welt aber vergaß man die Herkunft der schönen Blume aus der Steppe nicht. Kalim am Mogulhofe stellte der duftlosen, „körperhaften" Tulpe die Rose als Seelenblume gegenüber; aber in moderner Zeit wurde die kräftige Steppenblume von Muhammad Iqbal der kultivierten, zarten Rose vorgezogen. Für ihn ist die Tulpe ein Symbol der Energie und Liebe. Einsam in der Steppe wachsend, wird sie in seiner Poesie zum Vorbild des schöpferischen Menschen, der sich seinem Ursprungsplatz in hartem Streben entwindet, um in der Einsamkeit das „Glück der Manifestation" zu erleben. Ist sie in der Steppe nicht dem brennenden Dornbusch vergleichbar, durch den Gott zu Moses sprach? So fragt Iqbal in einem Vierzeiler seiner Sammlung *lāla-i ṭūr,* „Die Tulpe des Sinai" (1923), und bis zu seinem Ende hat er der kraftvollen Blume gehuldigt, die er ausrufen lässt:

Flamme war ich im Schoße der Liebe am Ewigkeitsmorgen,
die schon loht', eh' der Falter erschien und die Nachtigall.
Mehr bin ich als die Sonne und liege in jedem Atom auch –
schuf der Himmel aus meinem Glanz doch den Funkenfall!

Es ist ein weiter Weg von der Tulpe als reizvollem Liebchen, als unzuverlässigem Trinker und als Märtyrer im blutbefleckten Hemd zu Iqbals Vision der Steppentulpe als Manifestation des göttlichen Macht-Glanzes!

Doch ein Vergleich scheint nur einmal in der Literatur vorzukommen: Kaiser Dschahangirs Hofdichter Talib-i Amuli hat das Thema der blutenden Wunde aufgenommen, aber in unerwarteter Weise verfremdet:

Gleich einer Tulpenzwiebel, die
in jedem Frühling neu erblüht,
hat aus dem alten Wundmal sich
manch neue Wunde aufgetan …

Der Jasmin

Es scheint, dass nahezu alle Gärten mit Jasminbüschen bepflanzt waren, und die Dichter liebten die leuchtenden, duftenden Blüten, die sie manchmal an die strahlend weißen Zähne eines lächelnden Geliebten erinnerten, manchmal auch Perlenketten zu sein schienen, wie man sie bei fröhlichen Gartenfesten anlegte.

> *Vielleicht will auch der Hag zur Schenke zieh'n,*
> *da er den Schoß gefüllt hat mit Jasmin?*

fragt Zuhuri in Indien, und sechs Jahrhunderte vor ihm hatte der andalusische Fürst al-Mu^ctadid von Sevilla (gest. 1069) gesungen:

> *Jasminenblüten sind am Strauch*
> *gleich Himmelssternen aufgegangen;*
> *die roten Streifen glänzen dran*
> *wie frisch geküsste Mädchenwangen.*

Und der Schenke, der die Gäste beim nächtlichen Gartenfest bedient, ist oft „jasminbrüstig".

Der Vergleich des Jasmins mit Sternen lag nahe, und schon der indo-persische Poet Abu'l-Faradsch-i Runi (gest. 1191) stellt eine Verbindung zwischen der Blütezeit des Jasmin und dem Aussehen seiner Blüten fest:

> *Ob der Jasmin vielleicht das Sternzeichen Taurus ist?*
> *Sein Blüte ähnelt ja den Plejaden!*

Vergleiche von Himmel und Erde, von Sternhimmel und Garten waren nicht ungewöhnlich:

> *Der Garten ist ein anderer Himmel, mit Sternen aus Blumen,*

heißt es schon früh in Iran, und bereits in den ältesten arabischen Naturschilderungen sind Sterne und Blüten austauschbar. Der „grüne" oder türkisfarbene Himmel und der Rasen scheinen einander fast zu spiegeln.

Gerade der Jasmin erscheint wegen seiner sternförmigen Blüten häufig in solchen Vergleichen. Noch im 18. Jahrhundert vergleicht Nedim in Istanbul ihn mit dem jemenitischen Stern Suhail, der in der Tradition besonders wichtig war, da er den Schiffern zur Navigation diente. Andere Dichter konnten denken, dass Jasmin und Veilchen im Garten wie Tag und Nacht seien. Aber Anwari nahm ein ähnliches Bild auf wie sein Zeitgenosse Runi, nämlich die Verbindung einer Blume mit dem Sternzeichen:

> *Vielleicht wurde der Garten dank den Eglantinen zum Sternzeichen Krebs,*
> *so dass in einer Nacht tausend Sirius-Sterne aufgegangen sind!*

Denn die weiße Eglantine blüht ab Ende Juni.

Meist erinnert der Jasmin die Poeten an heitere Stunden; doch Ibn Abbad in Andalusien sah in den gelblichen Blüten des wilden Jasmin das bleiche Gesicht eines von seiner Freundin gekränkten Liebhabers. Vielleicht hatte er auch daran gedacht, dass man in der mittelalterlichen muslimischen Gesellschaft meinte, man dürfe einem Freund oder Geliebten keinen Jasmin schenken:

> *Hüte dich vor dem frischen Jasmin –*
> *hüte dich vor ihm, denn in ihm liegt ein böses Omen:*
> *Die Hälfte von ihm ist ya's, „Verzweiflung" an der Vereinigung,*
> *die andere Hälfte ist main, „Falschheit" des Traumbildes.*

Löst man aber den Namen des Strauches in persischer Art auf, ergibt er *ya's-i man,* und das heißt „meine Verzweiflung, mein Kummer" – und wer würde einem geliebten Menschen wohl eine solche

Blüte schenken? Doch Ibn Ghanim lehnt solch eine negative Bewertung des Jasmins ab und lässt ihn sagen:

> *Sei nicht betrübt, denn Trauer ist Schande, schain,*
> *Verzweifle nicht, denn Verzweiflung ist Lüge, main!*

Der starke Duft des Jasmins hat die Gartenfreunde ebenso wie die Dichter häufig inspiriert. Wenn Mas ͨud Bakk im 15. Jahrhundert in Delhi ganz allgemein sagt:

> *Ich habe die Knospe „Herz" mit dem Wasser des Gedenkens*
> *an den Freund mitten in der Seele bewässert,*

so hat Sultan Bahu (gest. 1692), der große mystische Dichter des Pandschab, die wachsende Gegenwart Gottes im Herzen mit dem Wachsen eines duftenden Jasminstrauches verglichen. Es ist die ständige Wiederholung des *dhikr*, der Formel des Gottgedenkens „Kein Gott außer Ihm", die den Strauch bewässert und ihn gedeihen lässt:

> *Allah ist ein Zweig Jasminen,*
> *den man in mein Herz gelegt – Hu!*
> *Mit dem Wasser „Keiner als Er!"*
> *hab ich immer ihn gehegt – Hu!*
> *bis sein Duft das Herz ganz füllte*
> *und mein ganzes Wesen prägt – Hu!*
> *Mög' der Meister lange leben,*
> *der die Blüte hegt und pflegt! – Hu!*

Die Narzisse

In der frühen Dichtung der Araber spielt die Narzisse, die Hauptblume Syriens, eine herausragende Rolle. Ist sie nicht eine weiße Perle, die auf einem grünen Peridot sitzt und in der Mitte ein Stück Gelbgold trägt? Das berühmteste Gedichtchen dieser Art stammt von Abu Nuwas (gest. 809):

> *Schau an der Erde Gärten und betrachte*
> *die Spur des Künstlerwerks von Gott dem Herrn,*
> *wo Silberaugen, in die Höhe blickend*
> *mit wie aus Gold geschmolznem Augenstern*
> *auf dem smaragdnen Stiele Zeugnis geben,*
> *dass Gott erkennet keinen Nebenherrn.*

Abu Nuwas war vor allem durch seine Trinklieder und seine recht obszöne Liebeslyrik bekannt und gilt bis heute als Sünder, dessen Verse man besser nicht liest. Doch im Mittelalter träumte jemand, er habe Abu Nuwas im Paradies gesehen! Als er in diesem Traum den alten Sünder nach dem Grund für seine völlig unerwartete Begnadigung fragte, erfuhr er, dass es eben dieses Narzissen-Gedicht war, das ihn gerettet hatte – bezeugte er doch mittels der Blume, dass Gott wahrhaft Einer, ohne Zweiten, ist.

Die Narzisse konnte als goldener Becher erscheinen; wenn man sie aus der Nähe sieht, scheint sie aus silbernen Fingern zu bestehen, die einen Goldpokal tragen, wie ein häufig zitierter Vers sagt. Das gleiche Motiv findet sich in der frühen persischen Dichtung, wo es wohl aus dem Arabischen übernommen ist:

> *Sieh die Narzisse, wie sie aufgeblüht,*
> *auf Silberschale den Pokal zu tragen!*

Und aus diesem Grunde, so meint der Dichter, solle der Mundschenk auch ihm den Weinpokal bringen.

Ein besonders hübsches Bild aus dieser Sphäre ist es, dass die Narzisse mit einem goldenen und silbernen Tablett kommt, dessen Inhalt sie dann vor der Braut, der Rose, verstreut. Der Vergleich ist nicht ganz korrekt: Wenn die Rose erblüht, ist die Zeit der Narzissen vorüber, und ihre Blütenblätter trocknen ein. Der Dichter versteht aber, dass sie ihre weißen und gelben Blätter so ausstreut, als seien es die kleinen Gold- und Silbermünzen, die man beim Hochzeitszug vor der Braut ausstreut. Daher rühmt sich die Narzisse bei Ibn Ghanim auch, dass sie immer wie ein Diener bereitstehe.

Besonders raffiniert benutzt Nizami ein ähnliches Bild für einen Sonnenaufgang:

> *Tausende von Narzissen sanken an dem weltumfassenden*
> *Himmelszelt,*
> *damit eine goldene Rose aufgehe!*

Die Sterne sinken, wenn die Sonne aufgeht.

Ibn al-Mu'tazz verglich die Narzisse einem Schminkdöschen aus hellem Achat, und auch sonst wird sie gern mit Schätzen in Zusammenhang gebracht. So fragt Dschami sich, ob sie wohl Qaruns Schatz aus der Erde geholt habe. Qarun, der biblische Korah, versank nämlich unter dem Gewicht des von ihm gehorteten Edelmetalls im Boden, wie die Legende weiß.

Wem aber diese ständigen Vergleiche mit Gold, Silber und Peridot zu viel werden, der lese den persischen Spötter Bushaq al-at'imma im 14. Jahrhundert, für den sich alles in Speisen verwandelte, und so ist für ihn die Narzisse nichts als ein Spiegelei, das in der Mitte von sechs Weißbrotscheiben liegt.

Die frühen arabischen Dichter liebten die Narzisse, die gleichzeitig lacht und weint, wenn der Tau sie benetzt; doch schon zur ältesten Schicht der Vergleiche gehört der Vergleich der Narzisse mit Augen. Wenn Rosen zu Wangen wurden, dann wurden die Narzissen zu Augen:

Ein paar Zweiglein hübscher Narzissen,
ein paar Röslein, frisch gepflückt:
diese sind Augen ohne Gesichter,
jene Gesichter, jedoch ohne Augen!

heißt es in der frühen persischen Dichtung. Rückert hat das Bild
frei nachempfunden:

Sieh, die Narzisse, wo du trittst zur Erden,
die Rose, wo du gehst mit Huldgebärden,
wird die ganz Auge, um dich anzublicken,
ganz Antlitz die, um angeblickt zu werden.

Das Thema der Narzisse als Auge scheint aus Iran zu stammen.
Eine immer wieder erzählte Überlieferung behauptet, der persische
Herrscher Chusrau Anuschirwan (reg. 537–579) sei völlig vernarrt
in Narzissen gewesen und habe gesagt: „Ich schäme mich, an einem
Gelage teilzunehmen, wo es Narzissen gibt, weil diese den Augen
am allerähnlichsten sind." Daher hält sie auch, wie der Narzissen-
freund Ibn ar-Rumi meint, mit ihren Blicken die Zecher davon ab,
etwas Ungeziemendes zu tun. Denn die Narzisse wird in der frühen
arabischen Tradition ebenfalls zum Symbol für das Auge,

als seien ihre Wimpern Vollmonde,
als seien ihre Pupillen Sonnen,

sagt Sanaubari, und kurz zuvor hatte der Eintagskalif Ibn al-Mu^ctazz geschrieben:

> Nur Auge! Siehst du sie, als ob die Träne
> als Perle über ihren Lidern lag,
> ganz weiß ringsum, und gelblich die Pupille;
> der Körper grün, und Duft die Seele zag
> im Park, dess' Blumen sich mit bunter Seide
> verschleiern, wenn Frühtau besucht den Hag.

Man fragte wohl: „Hast du Schöneres als die Augen der Narzisse gesehen?" – Augen, die hin und wieder auch mit Kampfer verglichen werden. Manchem Poeten allerdings erschienen sie als Augen des Wächters oder Nebenbuhlers, der den Liebenden eifersüchtig beobachtete.

Spätestens seit dem ausgehenden 8. Jahrhundert ist die Gleichung Narzisse – Auge festgelegt; ja, „die Blume steht wie eine Dienerin vor dem Auge der Geliebten", kann ihr also nicht das Wasser reichen, wie es in einem sehr frühen persischen Vers heißt. Auch Firdausi schreibt im *Schāhnāma* der Heldin Rudabe „Zwillingsnarzissen" zu. Die Narzisse kann ein krankes Auge, ein „erkältetes", ein schlafloses Auge sein, und im Persischen wird sie zur „berauschten Narzisse", das heißt zu dem etwas verschleierten Auge des gerade aus seinem Rausch erwachenden Geliebten (so auch im Arabischen seit Buhturi). Und da in der Umgangssprache das „weiße Auge" ein – wohl durch den Star getrübtes – „blindes" Auge bedeutet, konnte auch die Narzisse von manchen Dichtern so interpretiert werden – hatte sie sich doch, wie sie dachten, in Sehnsucht blind geweint.

Dieses Bild wurde bis in die Neuzeit variiert, und zwar in durchaus gegensätzlicher Weise. Mir Dard im 18. Jahrhundert bedauert die blinde Blume, die „ihren eigenen Lenz nicht erblicken kann", während hundert Jahre später Mirza Ghalib in Delhi positiv bemerkt:

Damit sie das Grün und die Rose erblicken kann,
hat Gott dem Auge der Narzisse die Kraft zum Sehen verliehen,

während wiederum ein knappes Jahrhundert später Iqbal davon spricht, dass die Narzisse Tausende von Jahren geweint habe, „aber nur selten erscheint ein mit einem tieferen Blick begabtes Wesen in diesem Garten".

Die Narzisse war durch die Jahrhunderte eine der beliebtesten Gartenblumen, Künderin des Frühlings. Aber einmal erfanden zwei blumenliebende arabische Dichter ein literarisches Duell zwischen der von Ibn ar-Rumi geliebten Narzisse und der von Sanaubari bevorzugten Rose. Der Aleppiner Poet verfasste ein langes Verteidigungsgedicht für die Rose – und wie sollte er das nicht, da sein Kollege die Rose zutiefst beleidigt hatte! Sagte der nicht:

Du, der mit Mühe für die Rose argumentiert:
Die Narzisse ist vorzuziehen – sei gerecht in deiner Rede!
Das schöne Auge kann man nicht mit einem Maultier-After
*   vergleichen!*

Denn, so fand der Bagdader Poet, die Rose

gleicht einem Maultierafter, wenn er sich entleert
und in der Mitte noch etwas Kot übrig geblieben ist.

Kann man es den Dichtern in Ost und West – bis hin nach Andalusien – verübeln, wenn sie zur Verteidigung der lieblichen Rose aufriefen? Und als Antwort an den rosenverachtenden Dichter, der unter anderem gefragt hatte:

Was nützt die Röte der Wangen,
wenn sie keine zwei Augen hat?

schrieb Sanaubari:

Die Rose rühmte sich und antwortete mit schönem Vergleich
  und Erklärung:
Wahrlich die Rose der Wange ist besser als ein Auge, das von
  Gelbsucht gelb ist!

Aber in seinem langen Gedicht über die Schlacht der Rosen und
Narzissen findet der gleiche Poet ein versöhnliches Ende: Rose und
Narzisse dienen nämlich beide dazu, festliche Gelage zu schmücken!

Die Rose

Die Rose ist ein Huldgeschenk vom Himmel;
die Rose kann den Menschen Glück verleih'n.
Verkaufst du, Rosenhändler, sie für Silber –
was kaufst du für das Geld denn Bess'res ein?

So fragt Kisa'i, einer der ersten persischen Dichter; denn die Rose
war und ist im islamischen Gebiet die beliebteste, die am häufigsten besungene Blume; und wie in der christlichen Überlieferung
Maria als *rosa rorans bonitatem* erscheint, so hat auch die islamische Tradition in der Rose etwas Geheiligtes gesehen. Heißt es
nicht:

Wenn der Prophet eine Rose sah, küsste er sie und legte sie sich
auf die Augen?

und er sagte – wie Ruzbihan-i Baqli bei einer seiner Rosenvisionen
bemerkt:

Die rote Rose ist der Majestätsglanz Gottes.

Die Legende erzählt, dass die Rose aus den Schweißtropfen des
Propheten entstanden sei, die zur Erde fielen, als er seine geheim-

nisvolle Nachtreise erlebte – so trägt jede Rose seinen süßen Duft in sich. Eine von Suyuti erwähnte Variante dehnt diese Legende noch aus: Es ist die weiße Rose, die aus des Propheten Schweiß entstand, während die rote dem Schweiß Gabriels, die gelbe dem Schweiß des himmlischen Reittiers Buraq entstammt.

Die Rose blieb mit dem Propheten verbunden, und in einem Schriftbild hat ein türkischer Künstler des 18. Jahrhunderts die „Muhammad-Rose" erfunden, eine Blüte, die die Neunundneunzig Schönsten Namen Gottes ebenso wie die neunundneunzig Namen des Propheten trägt sowie die Namen seiner Gefährten und seine guten Eigenschaften beschreibt – all dies in Form einer Rose.

So konnte Dschalaladdin Rumi mit Recht singen:

Die Rose ist das höchste Liebeszeichen;
dem Herzensfreund will ich die Rose reichen …

Unzählige Rosen blühten in den Gärten der abbasidischen Kalifen. Vor allem al-Mutawakkil (s. S. 28, 53) war völlig versessen auf Rosen; er kleidete sich gern in rosenfarbene Gewänder und erlaubte dem gewöhnlichen Volk nicht, sich den Rosen zu nähern, denn: „Das passt nicht für das Volk!" So sah man Rosen nur da, wo er sich befand, weil er sagte: „Ich bin der Fürst der Fürsten, und die Rose ist König der Duftpflanzen – so sind wir beide den anderen überlegen." Eben dieser Kalif erfand ein besonderes Fest, *schadhgulla*, bei dem Millionen von Rosenblättern in die Luft geworfen wurden und im Winde tanzten. Als ihm im Winter einmal der Sinn nach einem solchen Fest stand, ließ er Millionen kleiner hauchdünner Geldstücke prägen, die bunt gefärbt und an einem windigen Tag als Rosenersatz zur Freude des Kalifen in die Luft geworfen wurden …

Man kannte in der frühmittelalterlichen islamischen Welt nicht nur einfarbige Rosen. Besonders häufig wird eine zweifarbige Rose erwähnt, deren Blütenblätter auf einer Seite rot, auf der anderen gelb waren, was den Schöngeist al-Chalidi im frühen 10. Jahrhundert zu dem (von Rückert übertragenen) Vers inspirierte:

Es ist im Garten die kohabische Rose
geschmückt mit Doppelschöne wunderhold.
Ihr Äußeres ist von Rubinenschale,
ihr Inn'res aber ist von blassem Gold,
als läg' auf meines Liebsten Wange meine
am Tage, da ich von ihm scheiden sollt'.

Ein mittelalterlicher Autor sah eine solche zweifarbige Rose in Basra, „halb tiefrot und halb blendend weiß, und die Blätter sahen aus, als seien sie mit einer Rohrfeder geteilt worden".

Es ist freilich eine Frage, ob wir solche Bemerkungen wirklich ernst nehmen dürfen – schließlich wird auch berichtet, dass jemand in Alexandrien vielblättrige gelbe Zentifolien sah, „und ich zählte die Blütenblätter von einer, und das waren tausend Blätter".

Weiße Rosen schienen den Betrachter mit Moschus und Kampfer anzulächeln, und „wenn sie unter dem Weiß gelb wird, ist es wie Goldstaub in einer Kristallbüchse".

Bemerkungen über tiefschwarze, zart duftende Rosen fehlen nicht, „als seien es die Wangen eines Negers, die die Hand des Imams mit Goldpunkten versehen hat".

Blaue Rosen werden ebenfalls im 15. Jahrhundert erwähnt. Suyuti berichtet:

Einer meiner Gefährten sah Brunnen, die zu einem Rosenstrauch führten und deren Wasser mit Indigo vermischt war. Auf seine Frage wurde ihm erklärt: „Auf diese Art wird die Rose blau."

Suyuti erzählt auch, dass es in Indien Rosen mit arabischen Inschriften gebe:

Jemand habe dort eine Rose mit der Inschrift *Muḥammad rasūl Allāh* gefunden. Selbst Ibn al-ʿAdim, der ernsthafte Historiker Aleppos, behauptet: „In Indien gibt es eine große, süß duftende Rose, schwarz, auf der in weißer Schrift steht *lā ilāha illā Allāh Muḥammad rasūl Allāh Abū Bakr aṣ-ṣiddīq, ʿUmar al-fārūq.*"

Das heißt, sie enthält das Glaubensbekenntnis und die Namen der beiden ersten Kalifen. Diese Inschrift soll angeblich bereits in der Knospe entstehen. – Die Neigung, in Blumen, Früchten und Baumgruppen religiöse Inschriften zu entdecken, lebt übrigens bis heute fort, und da die erste Hälfte des Glaubensbekenntnisses, *lā ilāha illā Allāh*, fast ausschließlich aus Vertikalen besteht, kann ein Frommer in den Adern von Blüten und den Fasern von Früchten leicht ein solches Zeugnis entdecken.

Rosenzeit – das ist für die Dichter die Zeit, da man im Garten feiert und trinkt. Schon im 10. Jahrhundert singt ein persischer Poet in einem arabisch-persischen Vers:

> *Trink! Blick nicht darauf, dass Wein verboten ist –*
> *zur Rosenzeit ist ja der Wein erlaubt!*

Es ist doch so, wie einer seiner Landsleute etwas später meint:

> *Die Form der Rose ist gleich der Form des Pokals,*
> *und die Farbe des Weins ist wie die Farbe der Rose –*
> *Diese beiden scheinen ihre Eigenschaften voneinander geliehen*
> *   zu haben.*

Dieses Thema durchzieht die gesamte orientalische Dichtung.

Besonders anmutig wird das Thema Rose–Wein in der osmanisch-türkischen Poesie behandelt. Die Rose konnte als hübscher junger Schenke erscheinen, der sein rotseidenes Mützchen kokett schräg aufgesetzt hat, und wenn er „sein Gewand zerreißt" (das heißt, wenn die Rose aufblüht), wird der Besucher inspiriert, seinem Beispiel zu folgen:

> *Die Rose öffnet sich im Farbenrausche –*
> *Wie hielt' geschlossen sein Gewand der Trunk'ne?*

fragt noch der indo-muslimische Dichter Ghalib im 19. Jahrhundert. In Istanbul sang der osmanische Hofdichter Baki drei Jahrhunderte zuvor:

Schenke, welche hübsche Rose ist der Weinpokal!
Wer ihn in die Hand genommen, wird zur Nachtigall!

Berauscht singt der Trinkende. Aber der Vers enthält ein Wortspiel: *bülbül* ist die Nachtigall, die Weinkaraffe aber heißt *bülbüle*…

Schließlich fasst Nedim, anmutigster Dolmetsch der heiteren Tulpenperiode in Istanbul, alle Genüsse zusammen, die man im Frühlingshag erleben kann:

Rose in einer Hand kommst du,
    Schenke, in einer das Glas –
Welches davon soll ich nehmen?
    Die Rose? Das Glas? Oder dich?

Ein zentrales Thema, vor allem in der persischen und türkischen Poesie, ist die Geschichte von Rose und Nachtigall, in der die niemals endende Beziehung von absoluter Schönheit und unerfüllbarer Liebe symbolisiert wird. Die Nachtigall, typischer Seelenvogel, liebt die in der Rose verkörperte ewige Schönheit. Das Lied der Nachtigall zur Rosenzeit ist ja auch ein beliebtes Thema europäischer Dichter, aber im persisch-türkischen Bereich ist es noch verlockender, dieses Liebespaar zu nennen, denn Rose, *gul* (türkisch *gül*) und Nachtigall, *bulbul* (türkisch *bülbül*) reimen sich ebenso schön wie im Deutschen „Herz" und „Schmerz". Unzählige Verse besingen die Geschichte von Gül und Bülbül (wie auch ein Epos von Fuzuli heißt), und es gibt kaum einen Dichter in der östlichen islamischen Welt, der dieses Bild nicht verwendet hat, so dass man die osmanische Dichtung etwas verächtlich geradezu als „Gül-und-Bülbül-Poesie" bezeichnet hat. Und da im Türkischen das Verb „Lachen" *gülmek* heißt, ergaben sich endlose Möglichkeiten, die „lachende" *(güler)* Rose mit der traurig weinenden Nachtigall zu verbinden.

Kaiser Akbar, der größte der Mogulherrscher in Indien, soll den schönen Vers verfasst haben:

> *Tautropfen sind's nicht, die auf Rosen fallen –*
> *es sind die Tränen nur der Nachtigallen.*

Für manche Dichter gleicht die blutrote Rosenknospe dem bedrückten Herzen der Nachtigall:

> *Hat dich, dass du dich noch nicht auftust,*
> *verwundet des Sprossers Schall?*
> *O Knospe, bist du das Herz denn*
> *der weinenden Nachtigall?*

So fragt der türkische Scheich ul-Islam Yahya (gest. 1643).

Oft behaupten die Dichter, die Rose mit ihren hundert Blättern gleiche einem Buch, aus dem die Nachtigall mystische Weisheit verkündet:

> *Laut liest vom Blatt der Rose die Nachtigall ein Wort,*
> *das hundert Kommentaren schwer auszulegen fällt,*

meint Dschami – und wie sollte das nicht so sein, da man die Rose auch als Buch sehen konnte, das aus hundert Stückchen eines zerrissenen Herzens besteht? Doch, wie Hafis sagt, der Nachtigall genügt es ja im Grunde, dass sie, *bulbul,* sich auf Rose, *gul,* reimt und dadurch geheimnisvoll mit dem Objekt ihrer Liebe verbunden ist.

Manchmal erfinden die Poeten ziemlich groteske Bilder, wenn sie von dem Liebespaar *gul–bulbul* sprechen. So wird die Rose ermahnt, sie solle mit ihrem roten Taschentuch doch die Tränen der Nachtigall abtrocknen, und Fuzuli geht so weit, dass er im Spätsommer fragt, ob die Rose wohl um des lieben Friedens willen die Nachtigall geheiratet habe? Denn die Rosenblüten sind unter dem grünen Vorhang der Blätter verschwunden, als sei die Blume eine tugendhafte Ehefrau geworden, und die Nachtigall singt nicht mehr. –

Der Kalif Mutawakkil hielt – wie wir sahen – die Rose für einen Fürsten gleich ihm selbst. So erscheint auch in der Dichtung von Andalusien bis Indien das Bild der königlichen Rose, die in Rubingewändern auf ihrem Thron aus Peridot sitzt. Das Bild wird häufig detailliert ausgeführt: Die Rose reitet, wie es auch Nasir-i Chusrau sah, auf rubinem Ross, während die Tulpe wie ein Gepäckträger vor ihr geht; denn sie ist der Fürst, dessen Heer alle anderen Blumen sind – ein Bild, das bis in die arabische Poesie des späten 19. Jahrhunderts verwendet wird (Nazif Jazidschi sieht sie als perlengeschmückte Fürstin). Im klassischen Arabisch ist das Bild des Heeres ganz geläufig –

Das Rosenheer trägt smaragdene Klingen und goldene Schilde

und wenn der Dichter die Rose fragt, warum sie ihn verwunde, antwortet sie:

Diese Kräuter sind mein Heer:
Ich bin ihr Sultan, und mein Dorn ist meine Waffe.

Immer wieder, wie im europäischen Lied, wird die Rose als gefährlich angesehen – auch im Orient spricht sie unhörbar: „Ich steche dich!" Das türkische Volksrätsel weiß das:

Auf einem smaragdenen Throne,
da saß eine Fee gar hold –
Ich streckte die Hand aus; da zückte
der Nebenbuhler den Dolch!

Denn wo eine Geliebte ist, fehlt auch der Nebenbuhler nicht.

Doch fragen die Dichter oft, wie sich die liebliche Blume überhaupt mit dem Dorn vertragen kann:

Mich wundert, Rose, deine Güte,
   dass sie sich mit dem Dorn verträgt!
Du hast im sinnigen Gemüte
   gewiss den Lauf der Welt erwägt …

sagt Hafis, und Jahrhunderte später nimmt der Urdu-Dichter Atisch diesen Gedanken wieder auf und ermahnt seinen Leser:

Hast in den Garten dieser Welt
   du deinen Fuß gesetzt,
dann sitze, wie's die Rose tut,
   auch lächelnd nah' dem Dorn!

Ist nicht der Dorn ein Zeichen dafür, dass der Liebende noch nicht sein Ziel – Entselbstung, Aufgabe des eigenen Ich – erreicht hat? So singt Niyazi Misri in der Türkei:

Ich glaubte, in der Welt sei mir kein Freund geblieben –
Ich ließ mich selbst, und sieh,
   nun ist kein Feind geblieben.
Sah keinen Rosenhag, sah überall nur Dornen –
Ganz Rosen ward die Welt –
   Nun ist kein Dorn geblieben!

Rumi aber sieht die Rose als scharlachrotes Galakleid für den

Dorn, der im Winter klaglos ausgeharrt hat, und meint, wegen seiner Treue zur Rose sei er geheiligt. Und außerdem: auch der Dorn preist Gott in seiner stummen Sprache, wie Saadi sagt:

Nicht Bülbül unter Rosen nur hat Seinen Preis gesungen –
Am Strauch sind alle Dornen, Ihn zu preisen, feine Zungen!

Und in der göttlichen Einheit gibt es keinen Unterschied mehr zwischen Rose und Dorn …

Die Dichter mochten die Rose noch so sehr lieben – eine Eigenschaft der Blume tadelten sie immer wieder: Sie welkt zu rasch! Auch die Nachtigall klagt:

So uralt werden hier die Wüstendornen –
die junge Rose stirbt, kaum dass sie kam!

So sagt Iqbal, während frühere Dichter immer wieder meinten:

Spät kam sie und ging rasch,
sie lachte und sie weinte …

Und im arabischen Rätsel heißt es:

Ein Besucher schenkt uns seine Seele jedes Jahr,
schöngesichtig, lieblich duftend und dem Wein vertraut.
Fünfzig Tage währt sein Leben – dann geht höflich er.

Denn, so sieht es manch ein arabischer Poet, die liebliche Blume fürchtet, dass man ihrer überdrüssig wird, wenn sie allzu lange bleibt. Deshalb verhüllt sie sich schon nach wenigen Tagen und verschwindet …

Manchmal wird sie daher der Treulosigkeit bezichtigt:

O Zephir! Rosenduft und Rosenfarbe
sind lieblich, doch – sieh! – treulos sind sie auch.

Doch nicht nur ihr kurzer Aufenthalt wird getadelt, nein, man vermutet hin und wieder, sie sei entehrt, wenn man am Morgen sieht, wie der Tau ihren Saum befeuchtet hat; der Ausdruck *tardāman*, „mit feuchtem Saum", bedeutet im Persischen „entehrt". Hat sie doch „in der Umarmung des Taus" geschlafen, statt dem Klagen der sehnsüchtigen Nachtigall zu lauschen!

Die junge Rose wartet als schüchterne Knospe am Zweige, doch wird sie eines Tages „ihr Hemd zerreißen", wie die tanzenden Sufis das manchmal in Ekstase taten, und dann verströmt sie berauschenden Duft, der schon ahnen lässt, dass sie vergehen wird.

> *Bereits im Nichtsein betrachtet*
> *die Knospe das Ende der Rose –*
> *den Kopf auf dem Knie der Betrachtung –*
> *und dann ein einziges Lächeln!*

So singt Mirza Ghalib von der Rose, die, nach Auffassung mancher Dichter, „mit dem ganzen Körper lächelt". Knapper noch hat es Ghalibs älterer Landsmann Mir Taqi Mir ausgedrückt:

> *Wie lang' währt das Leben der Rose?*
> *Die Knospe lächelte nur.*

Dieses Lächeln, dieses Sich-Auftun, ist schon der Anfang ihres Endes. Das Ende der stolzen Blume kann auch als Tragödie gesehen werden:

> *Der Rose Krone wird zur Bettlerschale,*

wie ein indischer Dichter des 18. Jahrhunderts sagt.

Und doch ist auch der Tod der Rose etwas Wunderbares; denn ihr Duft bleibt: jener Duft, um dessentwillen Ibn al-Muᶜtazz die Blume einem Parfümhändler verglichen hatte. Die Rose stirbt lächelnd, ihren Duft verströmend – ein Thema, das auch in der modernen arabischen Dichtung anklingt. Sie ist das Ideal des Liebenden, der in Verzückung wie eine Rose dahingeht:

Er sank und gab die Seele auf sogleich,
beglückt und lächelnd, einer Rose gleich,

heißt es in Rumis *Mathnawi.* Und wer dächte nicht daran, wie Hermann Hesse die Liebenden lehrt, rosengleich zu sterben

und in einem Kuss den Tod zu trinken?

Ihr Duft aber wird im Rosenöl bewahrt; darin bleibt ihr Name erhalten, und so wird die flüchtige Blume unsterblich:

Den Menschen lassen seine Werke lebendig bleiben –
Der Name „Rose" bleibt erhalten im Rosenwasser!

meint Naziri am Mogulhofe, und die Mystiker jener Zeit konnten das Gefühl ihrer Einheit mit Gott in einem ähnlichen Bild ausdrücken:

Er in mir und ich in Ihm,
wie Duft im Rosenwasser.

Über den Rosenduft aber gibt es kaum ein schöneres persisches Gedicht als das Muhammad Iqbals, das ein altes Bild – die Rose als Huri (Paradiesesjungfrau) – aufnimmt:

Im Himmelsrosenhag sprach eine Huri:
„Ich habe nicht, was jenseits ist, erkannt.
Was ist das: Tag und Nacht und Morgen, Abend?
Geburt und Tod, sie kennt nicht mein Verstand!"
Zum Dufthauch ward sie, sprosst' am Rosenzweige –
So setzte sie den Fuß in dieses Land.

Das Auge tat sie auf, ward Knospe, lächelnd,
ward Rose – Blatt um Blatt fiel in den Sand,
und von der Zarten, die die Fesseln löste,
blieb nur ein Ach – man hat es Duft genannt.

Es wäre erstaunlich, wenn die Dichter keine Verbindung zwischen der roten Blume und dem Feuer gefunden hätten. Viele Fromme haben das Feuer, in das Abraham der Legende nach von Nimrod katapultiert wurde, als Rosenhag interpretiert, wurde es für ihn doch „kühl und angenehm" (Sure 21,69) – daher die zahllosen Anspielungen auf „Abrahams Rosenhag".

Bei Hafis und seinen Nachahmern heißt es dann:

Das Feuer der Wangen der Rose verbrannte der Nachtigall Scheuer.

Und Scheich Ghalib in Istanbul (gest. 1799) erblickte das reine Rosenfeuer:

Rose ist Glut, Rosenzweig Glut, Rosenhag Glut, Bachrand ist Glut!

Schon etwas früher hatten die Dichter Muslim-Indiens ähnliche Bilder verwendet und ausgearbeitet: Wenn die Nachtigall die Rose entdeckt, meint sie, ein Blitz habe ihr Nest getroffen. So sagt Scheich Ghalibs Namensvetter in Delhi:

Das Aufblühen der Rosen hat mich heute in Zweifel geworfen:
Vielleicht ist mein Nest auf dem Rosenzweig wieder verbrannt.

Auch das runde Brandmal, das sich manche Derwische als Zeichen der Treue auf den Armen einbrannten, wird als „Rose" bezeichnet. Und die Liebe ist, wie Chaqani weiß, ein Rosenfeuer:

Sie schien von fern mir eine Handvoll Rosen –
dann sah ich: Sie trug Feuer in der Hand!

Brandspuren, Wundmale konnten leicht mit Rosen verbunden werden –

Wundmale haben die Brust mir zum Garten gemacht!

Die Dichter vor allem in Indien dachten immer wieder an Blut, wenn sie von Rosen sprachen:

Ich wage nicht, den Garten nur einmal anzusehen –
Ich weine Blut und trag' in mir hundert Rosengärten,

sagt Mir Dard. Die Verbindung Rose–Wunde (die ja auch in der christlichen Dichtung geläufig ist) wird bei Mirza Ghalib in ständig neuen Wendungen verwendet. So sagt er in einem seiner immer wieder um das Rot von Blut, Flammen, Rosen und Wein kreisenden Gedichten:

Bringt mich zum Park nicht! – Meinen Zustand sehend,
wird jede Rose Auge, Blut verströmend!

Und auch der türkische Dichter Ahmet Haschim spricht in einem Herbstgedicht von

Rosen, wie sie verblutend zur Erde sich neigen …

Doch kehren wir zu fröhlicheren Bildern zurück.

Wie könnte man die liebreizende Blume beschreiben? Gleicht sie nicht „einer Jungfrau, die, von jemand angeblickt, verschämt ihren Kopf mit den Ärmeln bedeckt?", meint ein arabischer Dichter, der sieht, wie die schamvoll Errötende sich, wie es sich geziemt, vor dem Blick des Fremden verschleiert. Doch der Perser Kaukabi-yi Marwazi denkt lieber an den Knospenmund:

Sieh die nicht ganz erblühte rote Rose,
ein Püppchen ist's, das ein Idol verehrt –
Wie zarte rote Lippen der Geliebten,
die sich dem Freund zum Kusse zugekehrt!

Immer häufiger wird die Rose – wie auch bei uns – zum Äquivalent der reizenden Geliebten, so dass der osmanische Poet Vasif Enderuni singt:

Gibt's Rosen wie der Wange Flaum?
Mehr rosa ist der Rosen Saum.
Noch blühen Sommerrosen kaum,
*   ist eine Rose hold erblüht …*

Die Rose wird seit frühester Zeit als Braut gesehen – eine scheue Braut, aus smaragdenem Bette aufstehend, reich mit den Perlgeschmeiden des Taus geschmückt –, so lächelt sie den Leser aus ungezählten Versen an. Aber immer wieder erlebt man, dass der Tod die schönste Rose pflückt, die liebliche Jungfrau mit sich nimmt, wie es noch in jüngster Zeit in einem bewegenden Gedicht des pakistanischen Dichters Faiz heißt.

Die Dichter des Orients empfanden genau wie die unseren, dass die Rose eigentlich die Wange einer Schönen ist. Der Vergleich scheint erstmals von einem arabischen Dichter des frühen 9. Jahrhunderts verwendet worden zu sein:

Die Rosen leuchteten auf seiner Wange, als ob sie aus den Kanälen der Tränen getrunken hätten.

Denn wie im Garten die Wasserläufe die Blumen bewässern, sind es die Tränen des Liebenden, die, einem Kanal gleichend, die Wangen glänzen lassen. Hafis fragt:

Was ist das Ziel des Herzens, wenn es den Garten der Welt
betrachtet?
Mit den Händen der Pupille Rosen von deiner Wange zu
pflücken!

Die Pupille (persisch „der kleine Mann des Auges") starrt auf die rosengleiche Wange der Geliebten, die die wirklichen Rosen um ein Vielfaches an Schönheit überstrahlt. Die Schweißtropfen auf ihrer Wange gleichen Tautropfen auf Rosen.

Die indischen Dichter übertreiben gern bei ihrer Beschreibung der Rosenwangen. Inscha (gest. 1817) behauptet von seiner schönen Freundin:

Als ihren Frühlingsglanz im Spiegel sie gesehen,
sprach sie zu Inscha:
„Wann könnt' im Garten es solch' Rosenfülle geben
wie hier im Spiegel?"

Das scheint der Gipfel der Übertreibung zu sein; aber schon 400 Jahre vorher hatte einer der phantasievollsten Poeten Indiens, Qasim-i Kahi, ein paar traditionelle Bilder zu einem uns grotesk erscheinenden Vers verknüpft. Man muss dazu wissen, dass der Papagei in der klassischen Literatur immer mit dem Spiegel verbunden ist, mit dessen Hilfe man ihm das Sprechen beibrachte, weil er sein scheinbar sprechendes Spiegelbild nachahmte. Aber was soll das arme Tier tun, wenn sich vorher die rosenwangige Geliebte im Spiegel betrachtet hat?

Da vom Bilde ihrer Wange der Spiegel ward voll Rosen all –
der Papagei, der sich drin spiegelt, wird sogleich zur Nachtigall!

Er beginnt also wahrscheinlich das Lob der Rose zu singen!

Und was denkt ein persischer Dichter, wenn das geliebte Wesen ein Schönheitsfleckchen auf der Wange hat?

Das Schönheitsmal, das ich auf deiner Wange sehe,
ist: auf dem Rosenzweig wohl eine schwarze Krähe.
Nein nein! Ich irre mich: In deiner Wange Garten
ein nacktes Negerkind ich Rosen pflücken sehe!

Darf man die Rose pflücken? Ibn Ghanim hört sie klagen: Wenn
man sie abpflücke, während sie in voller Schönheit stolzieren, ließe
die Enge der Vase sie verstummen. Doch Naziri sieht es anders:

Man hat dem Frühwind zu danken,
der deinen Garten geplündert –
in deiner Hand ist die Rose
schöner noch als auf dem Zweig …

Die Rose ist das höchste Liebeszeichen,

singt Rumi, und der Mystiker Ahmad Ghazzali stellte eine Rose
zwischen sich und den Geliebten, wenn er diesen betrachtete – eine
doppelte Manifestation der Schönheit … Aber der Liebende weiß
auch um die Flüchtigkeit einer solchen Begegnung, die ihm nur
allzu kurze Zeit der Bewunderung vergönnt:

Meine und deine Begegnung ist die von Rosen und Tau –
alles Lächeln von dir, und alles Weinen von mir!

Und der gleiche Dichter, der dies empfand, Mir Dard von Delhi,
hat in einem seiner Gedichte lange vor Rilke die Rose als „reinen
Widerspruch" entdeckt:

Gleich sind an Form und Gestalt
Freude und Leiden … Die Rose:
nenn' sie geöffnetes Herz,
nenn' sie gebrochenes Herz.

Da die Rose in der poetischen Sprache allem Schönen und Wertvollen gleichgesetzt werden kann, wird sie auch mit den im Koran erwähnten Propheten verbunden. Das Rosenfeuer, in dem Abraham sich wohl fühlte, wurde schon erwähnt. Auch als Symbol für Yusuf (Joseph) erscheint sie, ist er doch der Inbegriff der Schönheit, nach dem sich Sulaika, das Weib Potiphars, so sehnte wie die Nachtigall nach der Rose. Der Vergleich mit Yusuf ist umso passender, als er mit „Duft" verbunden ist – sein Hemd, das seinen Duft trug, gab seinem aus Gram erblindeten Vater das Augenlicht wieder. Sulaika zerriss Yusufs Hemd – so wie die Knospe. Wenn die Knospe ihr Hemd zerreißt, dann wird, wie Amir Chusrau denkt, das blinde Auge der Narzisse sehend und leuchtend (wobei die persische Formel „Möge dein Auge leuchtend sein!" ein Glückwunsch ist; die Narzisse wird also dazu beglückwünscht, dass sie nun die Rose erblicken kann …).

Dass die Rose auch Salomo auf seinem windgetragenen Thron gleicht, scheint fast selbstverständlich, hebt sie sich auf ihrem schlanken Stengel doch, vom Winde bewegt, über die anderen Blumen. Und während die Nachtigall oft als Vertreterin des lieblich singenden David erscheint, gehören die zartesten Vergleiche der Rose zu Jesus und Maria. Ist sie nicht, wie Jesus, ganz Seele? So fragt Dschamal Chodschandi in seinem großen Rosengedicht. Und gleicht nicht die junge Knospe der Jungfrau Maria, angehaucht vom Lenzwind, der Gabriel zu sein scheint, so dass sie erblüht und das duftende Jesuskind gebiert?

Dass der Prophet des Islam eng mit der Rose verbunden ist, sahen wir schon – die Rose ist *seine* Blume. In der Dichtung Iqbals aber wurde diese traditionelle Verbindung noch erweitert: Für ihn ist die Gemeinschaft der Muslime eine Rose mit Tausenden von Blättern und *einem* Duft – und dieser Duft ist der Duft, der Geist des Propheten.

Die Rose ist ein Symbol für das höchste Gut.

Die Rose grüßt die Seele von der Heimat
die Seele drum vergesse nie der Rose,

heißt es in einer Nachdichtung Rückerts aus dem *Divan* Maulana Rumis in einem Gedicht, das beginnt:

> *Der Tag ist hie, das Fest ist hie der Rose …*

und in dem alle Eigenheiten dieser Blume,

> *der Sonne, die aus Monden wuchs, der Rose*

poetisch angedeutet werden.

Denn die Rose ist mehr als die Blume der Freude, des Festes, der irdischen Liebe. Sie kann auch das höchste Geistige manifestieren. Nicht umsonst verwendet Rumi ein Wortspiel zwischen *gul* („Rose") und *kull* („ganz"), die in arabischer Schrift gleich aussehen.

Für den Mystiker Mir Dard aus Delhi wird die Rose zum Sinnbild der allumfassenden Einheit, die der Mensch in der Versenkung erfährt:

> *In der Versenkung sind die Einzeldinge*
> *   der Welt nur eins,*
> *denn alle Blätter einer Rose bilden*
> *   zusammen eins.*

Alles Wertvolle wird zu Rosen; man kann von der „Rose des Glaubens" sprechen oder klagen, dass „die Rose der Hoffnung" welke.

Dem Rosengarten, *gulschan,* der alles Positive umfasst, wird daher oft das Aschhaus, *kulchan,* gegenübergestellt; das ist der niederste Platz, wo die Elenden, die Ausgestoßenen schlafen:

*Ein Aschhaus wird zum Rosengarten in der Gesellschaft der
     Weisen.*
*Ein Rosengarten wird zum Aschhaus in der Gesellschaft von
     Dummköpfen,*

sagt Nasir-i Chusrau.

Es ist kein Zufall, dass Ruzbihan-i Baqli, der Mystiker aus der
Rosenstadt Schiras, in seinen gewaltigen Visionen die Gottheit in
Rosenwolken erblickte, und alle überirdische Liebe erschien ihm in
Rosenform:

*Oft sah ich die Wahrheit, transzendent, im Rosenzelt, im Rosen-
schleier und in der Welt roter und weißer Rosen ...*

und in einer Vision schüttet Gott ihm einen gewaltigen Berg roter
Rosen über Haar und Gesicht,

*und eine Rose fiel von meinem Gesicht unter die Sufis, und sie
schrien auf und begannen zu tanzen ...*

Vielleicht war es eine ähnliche ekstatische Erfahrung, die einen türkischen Wanderderwisch, Ümmi Sinan (gest. 1578), sein Rosenlied
singen ließ:

*In eine Stadt kam ich einmal.
Ich sah: ihr Schloss aus Rosen rot,
und ihres Fürsten Krone, Thron
und Hag und Mauer: Rosen rot.*

*Mit Rosen geht Kauf und Verkauf,
aus Rosen stellt man Waagen auf,
wiegt Rosen dort mit Rosen auf –
der ganze Markt ist Rosen rot.*

Ihr Staub ist Rosen, Ros' ihr Stein,
ihr Feuchtes, Trocknes: Rosenschein,
Zypressen sind in ihrem Hain
und Tannen auch aus Rosen rot.

Aus Rosen drehn sich Mühlen dort,
sie mahlen Rosen fort und fort,
ihr Rad, ihr Wasser und ihr Port,
ihr Damm, ihr Quell sind Rosen rot.

Die Rosen rot, die Rosen weiß
in einem Garten zwillingsweis' –
und blickt man auf den Dornenkreis,
sind Dorn und Blüte Rosen rot ...

Oder sollten wir lieber dem trostvollen Lied des libanesischen Dichters Adonis lauschen, der uns rät:

Nimm eine Rose
und nenne sie Lieder
und singe sie für die Welt!

TEIL III

Blumen und Gärten in der Kunst

Überall suchte man sich mit Blumen zu umgeben, als wolle man ständig die Gegenwart eines kleinen Paradieses genießen.

Schon die älteste Moschee in Medina soll mit Mosaiken von Pflanzen geschmückt gewesen sein, wo, wie Ibn Zabbala im 7. Jahrhundert bemerkt, „wir abbildeten, was wir an Bäumen und Schlössern des Paradieses [im Koran] gefunden haben". Die Mosaiken der Omayyadenmoschee von Damaskus dürften gleichfalls die paradiesischen Gärten repräsentieren, und für eine sehr viel spätere Zeit, das 13. Jahrhundert, ist ein besonders schönes Beispiel das Moschee-Krankenhaus von Divrigi im östlichen Anatolien, wo seltsame, überaus komplizierte Blumenmotive aus graugelblichem Stein die Moschee- und Krankenhausfassade bedecken – der Legende nach sind es Abbilder der Kräuter, durch die eine Fürstin jener Gegend von ihrer Krankheit geheilt wurde …

Und ist nicht die typischste aller islamischen Kunstformen, die Arabeske, nur eine ins Unendliche entwickelte Gabelblattranke, bei der aus dem Stiel Blüten und Blätter und aus diesen wiederum Blätter und Blüten wachsen – unverwelkliche geometrisierte Blumen!

Naturgetreu dargestellte Pflanzen findet man in frühen arabischen naturkundlichen Handschriften und in Qazwinis „Wunder der Geschöpfe". Aber alle Materialien konnten mit Blütenmustern geschmückt werden. Allerdings sehen wir die höchste Entwicklung des floralen Dekors in der persischen und persisch beeinflussten Kultur, das heißt im muslimischen Indien und in der osmanischen Türkei. Persische Fayencen sind mit Blütenmotiven geschmückt, und auch Metallgefäße zeigen Blütenzier.

Die große Zeit der Blumendarstellung fällt zusammen mit der Entwicklung der Schrift- und Miniaturkunst. Die Mehrzahl persischer Miniaturen zeigt Gartenszenen, und das gilt in etwas späterer Zeit auch für die indo-muslimische Buchkunst. Da die höfische Poesie oft die Gärten der Fürsten erwähnt, ergab es sich von selbst, solche Gärten auch auf den Illustrationen lyrischer, panegyrischer oder epischer Dichtung zu verewigen. Die überschlanken Zypressen stehen da wie anmutige junge Menschen – so, wie die Dichter es immer besungen haben; und nicht selten umschlingt ein rosa blühendes Bäumchen eine solche Zypresse: ein zartes Liebespaar. Manchmal geben die Bilder auch Einblick in das wirkliche Leben: In den Gärten sind Tischtücher ausgebreitet, feine Tabletts mit edlen Porzellangefäßen und eleganten Bechern sind zu sehen, ein paar Köche drehen den Rostbraten oder ein paar Enten am Spieß, und vielleicht sitzt der Hausherr in einem hübschen Baumhaus, einer in die Wipfel eines Baumes gebauten Plattform, und betrachtet das Treiben in seinem Garten. Solche Baum-Pavillons waren offenbar in fürstlichen Gärten sehr beliebt. In historischen Manuskripten, wie dem *Baburname*, das von Leben und Werk des ersten Mogulherrschers berichtet, sieht der Betrachter auch fleißig arbeitende Gärtner, die hacken, säen, pflanzen, damit der Garten ganz den Wünschen des Herrschers entspreche; ein Höfling hält den Gartenplan in der Hand. Im osmanischen *Hünername* des Loqman (1584) sind u. a. auch Gärtner bei ihrem Defilee vor dem Sultan dargestellt: Einige tragen eine überdimensionale Tulpe, andere ziehen einen mit Blumenkübeln beladenen Wagen.

Manchmal sind Wiesen und Rasenflächen in unnatürlichen Farben gemalt, in zartem Lavendelblau zum Beispiel. Doch die zahlreichen Blumen sind meist erkennbar: Lilien gibt es da und Kaiserkronen, Tulpen, Rosen und mancherlei mehr. Die heitere Stimmung bei den Gelagen lässt sich aus solchen Bildern gut erkennen; man meint fast, die Musikanten spielen und singen zu hören, während andere Gartenszenen den Zauber der Liebe ahnen lassen. Manchmal – und das ist besonders elegant – ragt ein Baum über das eigentliche Bildfeld hinaus in den Rahmen, als strecke er sich in den Himmel, einen Himmel, über den Wölkchen nach chinesischem Vorbild ziehen.

Die Blumen aber entwickelten ein Eigenleben, und die Miniaturmalereien und kalligraphischen Kunstblätter, wie sie vor allem von den Mogulkaisern in kostbaren Alben zusammengestellt wurden, sind rings um die Schrift- oder Bildseite mit Blumen geschmückt. Manchmal sind es naturalistische, elegant in goldene Gitter eingebundene Blüten, manchmal arabeskenartige Pflanzen, die das ganze Blatt anmutig überspinnen. Selbst zwischen den Linien der Gedichte kann der Künstler Blumen- und Gartenmotive einstreuen, um die makellos schöne Kalligraphie noch schöner erscheinen zu lassen.

Eben in dieser Zeit wurden die Blumen wieder zum selbstständigen Objekt für die Maler. Kaiser Dschahangir, leidenschaftlicher Naturfreund, ließ seine Hofmaler Abul Hasan und Mansur jede seltene oder seltsame Blume (wie auch jedes interessante Tier) porträtieren, und so besitzen wir Dutzende – ursprünglich Hunderte – von naturgetreuen Abbildungen von Blumen, in erster Linie aus Kaschmir, der Sommerresidenz der Herrscher. Ein gutes Beispiel solcher Kunst ist das Album, das der Kronprinz Daraschikoh seiner Frau schenkte: Es enthält Blumenbilder, darunter ein von ihm selbst gemaltes. Doch während die Blumenporträts in Nordindien im Mogulreich nach Naturtreue strebten, wurden die Blüten im Süden in den Dekkan-Königreichen phantasievoller dargestellt, und solche floralen Phantasien der Künstler sind von hohem Reiz.

Typisch ist, dass in der Mogulzeit die Herrscher sich gern mit einem Blumensträußchen in der Hand porträtieren ließen, wie das auch für die osmanischen Sultane seit Selims I. Zeit gilt. (Man denke an Bellinis Porträt des osmanischen Herrschers!) Prinzen und Prinzessinnen erscheinen vor uns häufig in einem Garten mit Blumenrabatten (oft am Ufer eines Flusses, eines Sees), dort sprechen auch weise Männer, und anmutige Schenken oder Schenkinnen kredenzen Wein – oft in Kleidern, deren Stoffe Blütenmotive oder ganze Gartenszenen zeigen, was auch für die Kissen gilt, auf die sich die edlen Damen und Herren lehnen.

In jener Zeit dürfte die *gulzār*-Schrift erfunden worden sein, eine recht großformative Kursive, in der jeder Buchstabe mit kleinen Blumen ausgefüllt ist und die bis heute für Anzeigen oder Plakate verwendet wird. Natürlich wurden die Einbände kostbarer Manuskripte gern mit Blütenmotiven verziert, seien es fein in Leder gepresste und goldgehöhte vegetabilische Muster, seien es – vor allem im Iran der Kadscharenzeit (1796–1926) – immer neu variierte Lackmalereien von Blütenzweigen und Vögeln.

Unter den blumenbegeisterten Mogulherrschern wurden *pietra-dura*-Arbeiten in der Architektur Mode: Blüten aus verschiedenfarbigen Halbedelsteinen wurden in Marmor eingelegt. Eines der typischsten Beispiele dieser Kunst, das Mausoleum von Dschahangirs Schwiegervater Iᶜtimad ad-daula (gest. 1624) in Agra, ähnelt einem blumengeschmückten Schmuckkästchen.

Ähnliches gilt für die *dschalis,* jene steinernen Gitter, welche die Fensteröffnungen bedeckten, um das Palastinnere profanen Blicken zu entziehen, gleichzeitig aber die kühlende Brise in den Palast zu leiten. Viele *dschalis* – seien sie aus Marmor oder aus rotem Sandstein – gleichen kunstvollen Gartenhecken.

Der weiße Marmor selbst konnte durch feinste Reliefarbeit mit naturnahen Blütenmotiven geschmückt werden. Man sieht das am besten an den Außenwänden des Tadsch Mahal, die ein ganzes Gartenprogramm enthalten. Das Gleiche gilt für den billigeren Ersatz für Marmor, *tschūnā,* einen hochpolierten Gips, der in der sub-imperialen Architektur Indiens verwendet wurde.

Moscheen und Schlösser sind oft mit blütengeschmückten Fliesen überzogen. Schon früh hatten die Künstler, die Koranverse in großer eleganter Schrift auf sechseckige oder quadratische Fliesen schrieben, den Hintergrund der Schrift mit Blütenarabesken gefüllt oder zumindest ein wenig verziert. Im Laufe der Zeit überwucherten solche Blumen ganze Wände: Man mag an die Karimi-Moschee in Schiras denken, deren Wände von den auf Fliesen blühenden rosa Rosen fast in einen Rosenhag verwandelt sind, besonders aber an die Moscheen in der osmanischen Türkei, die im 16. und 17. Jahrhundert geradezu zu Tulpenfeldern wurden (vor allem die Rüstem-Pascha-Moschee in Istanbul). Solche Dekorationen lassen sich überall im türkischen Gebiet – so weit, wie das Osmanische Reich sich ausdehnte – finden, war doch Iznik (das alte Nicäa) ein Zentrum der Fayence-Herstellung, wo Künstler auf Vasen, Schalen, Tellern oder Bechern ungezählte elegante rote Tulpen, dunkle Hyazinthen und leuchtende Nelken zwischen langen, schmalen grünen Blättern erblühen ließen. Diese Fayencen gehören zu den schönsten Erzeugnissen islamischer Kunst.

Die im Mogulreich hergestellten Fliesen waren mit Blütenmotiven in stärkeren Farben geschmückt: Die Mausoleen in Lahore oder die Wazir-Khan-Moschee dieser Stadt weisen die verschiedensten Blumenmotive auf, wobei Blau und Gelb die vorherrschenden Farben sind. Und die fast zerstörten Überreste der Mauern jener Gärten, die von den Mogulprinzessinen Dschahanara und ihrer Nichte Zebunnisa im 17. Jahrhundert angelegt worden waren, lassen gewissermaßen die einstmals im Inneren blühenden Pflanzen erkennen: Blüten, die oft in Körben gebündelt erscheinen. Eines der letzten Mausoleen in Lahore – es ist die Ruhestätte der Prinzessin Scharafunnisa aus dem frühen 18. Jahrhundert – ist ein turmartiges kleines Bauwerk, das von Fliesen mit Zypressenmotiven bedeckt ist – man nennt es einfach *sarw-wālā maqbara*, „Grabstätte mit Zypressen".

Aber nicht nur an Wänden und Mauern wuchsen die künstlichen Blumen; auch sonst wurde der geliebte Garten ins Alltagsleben verpflanzt. Man legt Rubinblüten in Alabaster- oder Jade-schälchen oder Dosen ein, und selbst der Griff eines eleganten Dol-ches konnte florale Motive aufweisen, in Knospen aus Jade enden. Man dachte auch praktisch: Das Schälchen, das Kaiser Dschahan-gir für seine tägliche Opium-Ration brauchte, war als Mohnblüte aus weißer Jade geformt, mit Rubinen und Smaragden eingelegt. Die Kunst der Emaillierung, die im 17. Jahrhundert in Indien ver-vollkommnet wurde, gab den Künstlern die Möglichkeit, die ele-gantesten Gefäße in Blütenform aus dem leuchtenden Material herzustellen oder durch geschickte Kontraste der Farben kleine strahlende Blüten zu gestalten, wie man sie auch in den verschie-densten Typen der Schmucksets findet – ohnehin könnte man auf die gesamte Blütensymbolik indischen Schmucks eingehen, wo Perlen gewissermaßen als Ersatz für die weißen Jasminblüten ins Haar geflochten wurden. Auch die Bidriware aus Bidar im Dekkan ist oft über und über mit Silberblüten bedeckt, die in den schwar-zen Metallgrund gehämmert sind. – Bergkristall wurde ebenfalls mit Blütenmotiven verziert, wobei zur Zeit Schah Dschahans be-vorzugt Lilien dargestellt wurden, die der Kaiser besonders liebte.

Die Künstler schufen die reizendsten Blumen und Früchte aus Edelsteinen oder Halbedelsteinen. Hatten die Dichter immer wieder die Rose als Rubin, die Narzisse als Silberschale mit einem Goldstück beschrieben, so gab es nun Jadebüchsen als Mango oder Spiegel aus grüner Jade, die einem großen Blatt ähnelten. Parfümfläschchen wurden, mit Gold und Edelsteinen besetzt, als Blüten geformt, als sei das schwere Parfüm, das sie enthielten, ihr eigener Duft ...

Die poetischen Beschreibungen des irdischen Paradieses und die Versuche der Künstler ergänzten sich, und für einen Augenblick spürt der Beschauer den Zauber einer Welt, in der Realität, Poesie und bildende Kunst sich gegenseitig zu spiegeln scheinen.

Das gilt ebenso für die Textilien der islamischen Welt.

Denn nicht nur der Garten zieht im Frühling ein buntes Seiden-kleid an – auch die geblümte Seide ist ein Garten. So konnte der türkische Dichter Nedim besorgt zu seiner Geliebten sagen:

Du hast ein rosengemustertes Kleid angezogen, und ich fürchte,
dass der Schatten des Dorns dieser Rosen deinen zarten Leib ver-
wunden könne!

Geblümte Stoffe, Gartenmotive in Seide und Samt, später, vor allem in Indien, auch in Chintz, gestickte Blumen auf orientalischen
Gewändern, auf Tüchern, Servietten und, nicht zu vergessen, die
blütenförmigen Nadelspitzen, *oya,* die in der Türkei Kopftücher
und andere Gewebe umrahmen – sie alle weisen darauf hin, dass
Gärten und Textilien fast austauschbar erscheinen. Was wäre der
Kaschmirschal und die ihm verwandten Stickereien und Gewebe
des indischen Subkontinents ohne die *būta,* die Knospenform (die
auch der Mango ähnelt), wie sie immer und überall, auch in Teppichen, erscheint?

Wird nicht die Erde vom Widerschein des Himmels im Lenz zu
einem farbigen Teppich? So sang Nefᶜi im 17. Jahrhundert in Istanbul, während einer seiner süd-indischen Zeitgenossen einen Park
einem edlen Kirman-Teppich verglich.

Ist der Garten ein Teppich oder der Teppich ein Garten? Die arabischen Historiker berichten, der persische König Chusrau Parvez
(reg. 531–579) habe einen gewaltigen Teppich herstellen lassen, der
als *bahār-i Chusrau,* „Chusraus Frühling", bekannt war; die Araber
nannten ihn *al-qiṭf* (von *qaṭafa,* „Blumen pflücken, Früchte lesen").
Er soll 60 zu 60 Ellen gemessen haben und ähnelte einem großen
Garten mit Pfaden „wie kultiviertes Land"; Pflanzen waren in Seide
eingestickt und eingewirkt; ihre Stengel waren aus Goldstickerei.
Dieser Teppich wurde vor die gewaltige Halle des Palastes von Ktesi-
phon gebreitet, so dass man das Gefühl hatte, es sei ewiger Frühling
und man schritte durch einen Garten, bis man am Throne des Herrschers anlangte. Nach der islamischen Eroberung Seleukia-Ktesi-
phons 634 soll der Teppich stückchenweise als Beute verteilt worden
sein, und die Stücke wurden zu überaus hohen Preisen verkauft.

Sind nicht Teppiche ohnehin „flowers underfoot", dem Besucher unter den Füßen ausgebreitete Blumen? Man holte sich den

Frühling in den Palast, ins Haus. Und so wenig wir von den frühen Teppichen wissen – in etwas späterer Zeit spiegeln vor allem die persischen und indischen Teppiche Gärten wider. Die ideale Gartenanlage, der *tschārbāgh* mit seinen sich im Zentrum kreuzenden Wasserläufen, erscheint in vielen persischen Teppichen, und wie im echten Garten säumen auch dort Beete mit den verschiedensten Pflanzen die gewebten Wasserläufe. Der berühmte Teppich in Jaipur hat nicht weniger als 36 „Beete" und soll, wie behauptet worden ist, dem von Schah Abbas in Kaschan erbauten berühmten Bagh-i fin ähneln.

Phantasievoller noch als in Iran waren die Teppiche im indischen Mogulreich, wo man magische Gartenlandschaften findet, in denen blütenweiße Kraniche unter geheimnisvollen Bäumen stehen und Gazellen oder seltsame Vögel auftauchen; das Auge wandert durch zauberhafte, verwirrende Pfade, trifft elefantenleibige Wundertiere und naturalistische Geparden und findet kein Ende der Überraschungen. Manchmal sind solche Gartenlandschaften auf dem Teppich gespiegelt und ziehen sich so über eine gewaltige Länge – bis zu acht Meter – hin; sie wirken dann wie terrassierte Parkanlagen.

Aber auch bei den kleinen Gebetsteppichen kann die gesamte nischenförmige Mitte mit bunten Blumen auf dunklem Grund gefüllt sein oder aber von einer großen blühenden Pflanze, einem Blütenbaum – so ist der Betende gewissermaßen schon im Paradies, wenn er den Teppich betritt. Im weltlichen Bereich aber findet man Teppiche, die so geknüpft sind, dass sie dem Herrschersitz genau angepasst sind, so dass der Thronende ein ganzes Blütenfeld überblickt, das sich zu seinen Füßen ausbreitet.

Der Garten als Schatztruhe

Singe die Gärten, mein Herz, die du nicht kennst; wie in Glas
eingegossene Gärten, klar, unerreichbar,
Wasser und Rosen von Ispahan oder Schiras,
singe sie selig, preise sie, keinem vergleichbar.

So besingt Rilke in den „Sonetten an Orpheus" die persischen
Traumgärten, die ihm wie kostbare gläserne Gebilde erschienen.
Mit der Einsicht des echten Dichters hat er damit einen wesentli-
chen Aspekt der orientalischen Gartenlyrik erfasst: Der Leser tritt
in eine Welt von Edelsteinen, von Gold, Silber und Perlen. Nicht
nur der Duft der Blumen entzückte den orientalischen Dichter;
nein, neben Vergleichen aus dem Textilbereich sind bei Gartenbe-
schreibungen solche aus dem Reich der Juwelen am häufigsten –
und an Edelsteinen mangelte es an orientalischen Höfen nicht.

Blumen werden geschildert als „Juwelenschmuck einer Braut",
und Abu Nuwas sieht in den Blumen „Halsketten aus aufgereihten
Rubinen und Perlen, umschlossen von Smaragdketten", während
der unbekannte Verfasser eines Gartenbuches um 1500 die Blumen
„mit chrysolithenen Stengeln, smaragdenen Nervensträngen, tür-
kisenen Gestalten und rubinenen Köpfen" erblickt.

Wie viele Rosen erscheinen (in einem uns Europäern nicht unbekannten Vergleich) als Rubinen – Rubinen, die auf einem Stiel
von Smaragd oder Chrysolith (Peridot) thronen oder auch Rubi-
nenleuchter zu sein scheinen. Der Rubin, in der arabischen Dichtung wohl ausschließlich der rote Korund, *yāqūt*, wird im Persisch-
Türkischen oft durch den roten Spinell, *laᶜl*, ersetzt. Alle roten
Blumen konnten als Rubine erscheinen, seien es nun Anemonen
oder, im persisch-türkischen Gebiet, Tulpen – breiten sie nicht Ru-
binschirme über Smaragdteppichen aus?

Das Grün erscheint den Dichtern als Peridot oder Smaragd, wobei in der früheren Dichtung der *zabardschad,* Peridot, häufiger erwähnt wird als der Smargad, denn seine leicht gelbliche Farbe ist der des Pflanzengrüns ähnlicher als der tiefgrüne *zummurud,* Smaragd. Doch kann später der Smaragd für alles Grüne, einschließlich eines unreifen Apfels, als Vergleich dienen, und im Dekkan findet man „Smaragdbäume, in denen die Glühwürmchen wie Lampen leuchten". Rötliche Blüten konnten auch mit Korallen verschiedener Rot-Tönungen verglichen werden. Gelegentlich verwendete man in solchen Fällen auch den rötlich-braunen Achat, denn dieser aus Jemen stammende Stein, den der Prophet Muhammad sehr schätzte, wurde, ja wird bis heute, vorzugsweise für Siegelringe verwendet.

Immer wieder erscheinen Perlen – nicht nur der Tau schmückte die verschiedensten Blüten mit Perlen, auch die Luftbläschen im Wein können als Perlen erscheinen. Kleinblättrige weiße Blüten, wie die Narzisse oder die Margerite, werden manchmal als Perlen verschiedener Größe gesehen. Ja, selbst der Kies auf den Gartenpfaden schien aus Perlen zu bestehen – war doch der persische Golf das wichtigste Fundgebiet für Perlen.

Selten nur erscheint der Lapislazuli – Ibn ar-Rumi verwendet ihn, um die Farbe der blauen Iris anzudeuten, während ein anderer Dichter die Veilchen als Lapislazuli zwischen Rubinen sieht. Türkis steht manchmal für das Pflanzengrün, doch häufig ist der Himmel türkisfarben.

Natürlich mangelt es nicht an Edelmetall – alles Weiße, Blütenblätter wie Wasserspiele oder Bäche, scheint aus Silber zu sein, und der Regen tropft, als fielen Silberspäne vom Himmel. Häufiger noch erscheint das Gold – gleichen die Staubfäden in weißen oder hellen Blüten nicht einem Goldstück, einem Dinar, oder sind sie zarter Goldstaub? Ganze Blumen, wie die gelbe Ringelblume, kommen dem Dichter wie goldene Parfümbüchslein vor, in denen noch Reste des schwärzlichen Moschus-Parfüms zu sehen sind. Ein zartes Gelb in einem sonst weißen Blütenblatt scheint aus Goldstaub zu bestehen. Und in Herbstgedichten werden die Blätter oft zu achtlos fortgeworfenen Goldstücken.

Auch Bergkristall wird gelegentlich erwähnt – so sieht ein Dichter die Seerose als ein Kristallgebilde. Und der Garten scheint in späterer Poesie sogar farbige Emaillierung zum Schmuck der Blumen zu verwenden.

Sanaubari, der Gartendichter von Aleppo, hatte sicher recht, wenn ihm die Blumen wie Halsbänder feinster Juwelierarbeit vorkommen, wo Smaragde mit Gold verarbeitet sind – denn der ganze Garten ist in den Augen seiner Bewunderer ein kostbares Schmuckstück mit immer neuen Juwelen.

Das Buch als Garten – der Garten als Buch

Da der Garten ein idealer, ja ein paradiesischer Ort ist, war es ganz natürlich, dass die Poeten manche ihrer Werke als „Garten" bezeichneten. Wohl das bekannteste Beispiel ist Saadis *Gulistān*, „Rosengarten" – jenes anmutige persische Werk des 13. Jahrhunderts, gemischt aus eleganter Prosa und geistreichen Versen, in dem der Schiraser Dichter heitere Lebensweisheit lehrte – ein Buch, das seit seinem Entstehen als Grundlage für alle diente, die feinstes klassisches Persisch und die Tugenden des edlen Anstandes lernen wollten. Das Büchlein, das erstmals 1654 als „Persianischer [so!] Rosenthal" von Adam Olearius „mit Zuziehung eines alten Persianers namens Hakwirdi" ins Deutsche übertragen wurde, ist in acht Abschnitte gegliedert, wie auch wirkliche Gärten oft acht große Beete hatten. Die Anordnung der Kapitel ähnelt in ihrer Symmetrie ebenfalls einem wohlgeplanten Garten.

Dschamis *Baharistān*, „Frühlingsgarten", zwei Jahrhunderte nach Saadis Werk verfasst und von ähnlichem Charakter, übernahm die achtfache Einteilung. Titel, die den Begriff „Rosenhag" enthalten, werden häufig von persischen, osmanischen und indomuslimischen Schriftstellern verwendet – sei es ein *Gulistān-i 'ischq*, „Rosengarten der Liebe" (Izzet Molla), Nusratis *Gulschan-i 'aschq* „Rosenhag der Liebe" (1684), *Gulzār-i abrār*, „Rosengarten der Frommen" oder *Gulschan-i Ibrāhīm*, „Abrahams Rosenhag". Dies ist eine Anspielung auf Sure 21, 69, der zufolge das Feuer, in das Abraham von Nimrod katapultiert wurde, auf Gottes Befehl „kühl und angenehm" für ihn wurde. Für die Dichter bedeutete das, dass die Flammen zu Rosen wurden. Auch einen *Gulschan-i rāz*, „Rosenflor des Geheimnisses" (Schabistari) finden wir. Ohnehin waren solche Titel bei Sufi-Autoren besonders beliebt. Zu den bekanntesten Beispielen gehört Ruzbihan-i Baqlis zauberhaftes Werk über die mystische Liebe, ʿabhar al-ʿaschiqin, was Henry Corbin mit „Le Jasmin des Fidèles d'amour" übersetzt. ʿabhar kann auch „Narzisse" bedeuten – in jedem Fall ist es eine stark duftende weiße Blüte. Ein Jahrhundert vor Ruzbihan, der in Schiras lebte, hatte am östlichen Ende der islamischen Welt, in Ghazna, der Mystiker Sanaʾi seine *ḥadīqat al-ḥaqīqat*, „Der Garten der Wahrheit", verfasst – das erste persische Lehrgedicht über Fragen der Sufik, das einen ganz starken Einfluss auf die späteren sufischen Autoren hatte. Der Titel *ḥadīqat* – oder im Plural: *ḥadāʾiq* – erscheint mehrfach in der Literatur und wird, wie auch *būstān*, „Duftgarten", gern verwendet. Saadi hat in seinem *Būstān* Sufi-Geschichten in schlichten Versen erzählt; das Werk wäre wohl ohne Sanaʾis *Ḥadīqat* kaum zu denken.

Im arabischen Raum gibt es ähnliche Titel – der jemenitische Mystiker al-Yafiʿi (gest. 1356) nannte seine Übersicht über die frühen Sufis *rauḍ ar-riyāḥīn*, „Garten der Duftkräuter" – sollte doch von diesen Geschichten der Duft der Heiligkeit ausströmen und die Gemüter beleben. Der türkische Dichter Fuzuli (gest. 1556) jedoch verfasste eine *raużat asch-schuhadā*, „Garten der Märtyrer", in Erinnerung an den Tod des Prophetenenkels Husain in der Schlacht von Kerbela am 10. Muharram 680 – *rauḍa* ist ja die Bezeichnung für den Grab-Garten.

Wenn ein Poet bescheidener war, konnte er sein Werk (z. B. einer der in späterer Zeit so beliebten Anthologien) schlicht *guldasta*, „Blumenstrauß", nennen oder auch *dastanbū*, „Duftsträußchen". Ein in vier Hauptteile eingeteiltes beschreibendes Werk des Hofschriftstellers am Mogulhofe, Brahman, trug sinnreicherweise den bescheidenen Titel *tschahār tschaman*, „Vier Rasenstücke". Denn war ein Buch nicht wirklich ein Garten?

Eine besonders reizvolle Verwandlung des Gartens in ein Buch findet man bei Nasir-i Chusrau, der, sonst durchaus nicht humorvoll, in einem seiner großen Frühlingsgedichte beschreibt, wie nun endlich der April gekommen sei,

*und nun pflanze er im Garten der Notizen und des Papiers süße
Kräuter und Hyazinthen aus Prosa und Versen, Früchten und
Rosen aus edlen Bedeutungen, hübsche Bäume aus eleganten
Ausdrücken … und in diesem Garten, der sich vor einem Palast
aus Versmaß erstreckt, streue er Rosen aus entzückenden Worten
aus.*

Auch im Dekkan findet man solche Vergleiche (bei Ghawwasi und
Wadschhi); aber der Vergleich mit Blumen gilt nicht nur für die
liebreizenden Worte, die auf der Buchseite erscheinen, er gilt noch
mehr für die kunstreiche Schrift und die Illuminationen, die eine
Seite schmücken.

> *Ein reizender Garten, gefüllt mit Rosen und Duftkräutern:
> Die Seiten sind Rosen und die Zeilen* raiḥān, *„Duftkraut",*

sagt Dschami, der, wie so viele Dichter, mit dem Namen der eleganten *riḥānī*-Schrift spielt. Eine mit makelloser Schrift und vielleicht mit Arabesken gefüllte Seite konnte die Dichter zu immer
neuen Vergleichen inspirieren – Vergleiche mit Gärten, in denen
die Buchstaben gewissermaßen als Besucher wandeln. So sieht man
einzelne miteinander verschlungene Buchstaben (vor allem die
Ligatur *lām-alif*) wie Liebende durch den Garten der Buchseite
wandeln, nachdem die Feder den Papier-Garten bewässert hat. Die

Ränder der Seite ähneln den Kanälen des Gartens, und im umge-
kehrten Vergleich mag ein Park dem Dichter wie eine makellose
Koranseite erscheinen, in dem die Blumen die Vers-Trenner sind
und die Tautropfen Vokalzeichen.

Schon eine frühe persische Dichterin, Rabiᶜa al-Quzdariya, hatte
den Garten mit *Artang* verglichen – das ist das angebliche Werk des
Religionsstifters Mani, der in der islamischen Tradition als großer
Maler galt, und Farruchi sieht die Gärten ebenfalls als „Manis
Buch, voll von Mustern und Bildern" – „chinesischen Bildern", wie
ein anderer Dichter meint.

Der Garten als Schriftseite, die Schriftseite als Garten – sie scheinen austauschbar. Wenn ein arabischer Poet bei der Lektüre eines
Briefes meint, sein Auge habe „im Garten der Schrift des Freundes
geweidet", so sieht ein anderer eine Parallele zwischen den Tinten-
tropfen auf dem Papier und den Regentropfen, die den Garten
zum Erblühen bringen. Und weitbekannt ist Maulana Rumis Geschichte von den Ameisen, die auf einer kunstvoll geschriebenen
und illuminierten Buchseite umherlaufen und diesen Wundergar-
ten bestaunen.

Von früh an hatten die Frommen den Garten als Buch angesehen, in dem sich die Weisheit des Schöpfers manifestiert.

Jeder Lenz ist ein Kind in der Schule „Garten";
jede Knospe, die sich auftut, wird für ihn zum Buch,

sagt Kalim (gest. 1651). Und im Herbst konnten die Vögel auf die bunten Blätter blicken wie Wahrsager, die ein bebildertes Orakelbuch betrachten, wie es in einem frühen persischen Vers heißt. Ist nicht die Rose, die Zentifolie, ein hundertblättriges Buch, aus dem die Nachtigall die ewige Geschichte von Liebe und Schönheit singt oder eine Predigt über göttliche Geheimnisse rezitiert? Besonders geistreich hört der osmanische Dichter Mesihi die Nachtigall im Morgenwind so singen, als rezitiere der persische Dichter Attar sein Epos *Manṭiq aṭ-ṭair,* „Sprache der Vögel", und Attars Name, der „Parfümhändler" bedeutet, lässt gleichzeitig an die Düfte des Frühlingsgartens denken. Andere Poeten lassen die Nachtigallen auch aus Saadis *Gulistān,* „Rosengarten", rezitieren!

Noch Iqbal meint in seiner Dichtung, Gott schreibe Seine Botschaft auch auf Tulpenblätter – so wie für Saadi und alle, die sein Werk kennen, jener Vers gilt, den, wie eine fromme Legende sagt, die Engel ein ganzes Jahr lang am Gottesthron sangen:

Jedes Laub am Baum ist dem Blick des Weisen
eines Buches Blatt, Gottes Werk zu preisen!

Blumen und Gärten im Traum

In der reichen Literatur zur Trauminterpretation im Islam spielen Gärten und Pflanzen eine wichtige Rolle. Schatten und Grün waren ja die wünschenswertesten Güter für die Bewohner trockener, heißer Gebiete. Daher bedeutet ein Traum von grünen Gefilden immer etwas Positives, ist doch Grün die Farbe des Paradieses, aber auch des Islam allgemein.

Schon aus frühester Zeit wird berichtet, wie Abu Bakr, der erste Nachfolger (Kalif) des Propheten, einen Traum auslegte, den ein Mann geschaut hatte: Er habe einen schattigen grünen Hain verlassen, um in ein zerklüftetes Bergland zu ziehen – das bedeutete, wie es sich später bewahrheitete, dass der Träumer den Islam aufgab und in Byzanz zum Christentum übertrat.

Von nützlichen, essbaren Pflanzen zu träumen bedeutet, wie der türkische mystische Dichter Niyazi Misri (gest. 1694) meinte, Nahrung für den Geist zu erhalten, während die Düfte nicht essbarer Blumen darauf deuten, „dass Nase und Ohr der Seele durch das Lauschen auf die Worte des Seelenführers durchduftet werden".

Weit verbreitet sind Träume von Bäumen. Oft bedeutet der Baum einen Mann, oft auch ein Kind: „Wer von vielen Bäumen träumt, wird viele Kinder haben." Allerdings ist es wichtig, um was für Bäume es sich handelt. Träumt man von einer Palme, vor allem einer Dattelpalme, so bezieht sich der Traum auf ein arabisches Umfeld, während der in Arabien nicht heimische Nussbaum z.B.

darauf deutet, dass der Träumer mit etwas Fremdem, wahrscheinlich Persischem, in Kontakt kommen wird.

Der Baum als Fruchtbarkeits- und Siegessymbol spielt in jenem berühmten Traum eine Rolle, den Osman, der Gründer des osmanischen Herrscherhauses, in seiner Jugend im Hause seines künftigen Schwiegervaters sah: Aus seinen Lenden wuchs ein gewaltiger Baum, unter dessen Schatten der Kaukasus, der Atlas, der Taurus und der Balkan lagen und aus dessen Wurzeln Euphrat und Tigris, Nil und Donau quollen ... und die Blätter des grünen Baumes wurden zu Schwertklingen, die der Wind nach Konstantinopel wehte ...

Auch Muhammads Großvater träumte, aus einer Kette, die aus seinen Lenden kam, sei ein gewaltiger Baum entsprungen, und einer seiner Ahnen soll von einem hohen, grünen Baum geträumt haben, dessen Zweige bis in die Wolken reichten und „Licht über Licht" waren – ein Hinweis auf den lichtvollen Propheten, der aus seiner Familie kommen sollte.

Wenige Jahre vor Osmans Traum hatte Maulana Rumi den Traum eines Jüngers von einem endlosen Meer und einem daraus wachsenden riesigen Baum interpretiert:

Jenes endlose Meer ist die Gnade Gottes des Erhabenen, und jener gewaltige Baum ist die gesegnete Person von Muhammad Mustafa; die Zweige jenes Baumes sind die Standorte der Propheten und der Heiligen; die großen Vögel sind deren Seelen, und die verschiedenen Melodien, die sie singen, sind die inneren Bedeutungen und Mysterien und Sprachen ihrer Zungen ...

Er mag dabei an Ibn Arabis Theorien von der *schadscharat al-kaun*, dem „Baum des Daseins", gedacht haben. In jedem Fall hat der grünende Baum in Träumen meist eine religiöse Bedeutung. Das lässt sich auch aus der bezaubernden Traumgeschichte des sudanesischen Autors Tayeb Salih, „Der Doumbaum des Wad Hamid", erkennen.

Eine der schönsten Darstellungen der wunderbaren Macht des

Baumes findet sich im Traum der jungen Frau des Sufis al-Hakim at-Tirmidhi im späten 9. Jahrhundert.

> *Sie träumt von einem gewaltigen verdorrten Baum, aus dessen Stamm sich ein paar frische Zweige entwickeln; dann dehnt er sich aus und trägt Weintrauben, und Wasser fließt aus seinem Stamm. Sie erfährt, dass dies ihr Baum ist, und verspricht, für ihn zu sorgen. Ein grüner Vogel hüpft singend von Ast zu Ast, und wo immer er sich hinsetzt, ergrünt der Baum bis hin zum höchsten Wipfel.*

Nach diesem Traum weiß die junge Frau, dass ihr Mann, dessen seelischer Unterstützung sie sich ganz widmet, auf seinem geistigen Wege Erfolg haben wird.

Von den Früchten des Gartens zu träumen ist günstig. Der Apfel bedeutet etwas Gutes, Nützliches – vielleicht einen wohlgeratenen Sohn. Apfelduft weist auf geistige und irdische Speise hin, welche die Ehefrau von ihrem Mann erhält. Auch können Äpfel im Traum Silberstücke oder Jahre bedeuten – so viele Äpfel man im Traum sieht, so viele Jahre hat man noch zu leben oder, im Falle eines Fürsten, zu regieren.

Die gern in orientalischen Gärten gezüchtete Quitte konnte entsprechend ihrem arabischen oder persischen Namen interpretiert werden: Persisch heißt sie *bih,* was auch „gut" bedeutet, arabisch *safardschall,* was man auf *safar,* „Reise", und *dschalla,* „ruhmreich sein", deutete – also „eine erfolgreiche Reise unternehmen".

Blumen werden in der Regel genau so interpretiert wie in der Poesie. Träumt man von blühenden Blumen, ist es günstig, während trockene oder abgerissene Blumen etwas Negatives bedeuten. Duftkräuter, besonders *raiḥān,* das duftende Basilienkraut, sind allgemein positiv; sie können auf einen künftigen Sohn ausgelegt werden, denn: „Dein Sohn ist dein Duftkraut." Einzelne Blüten weisen auf diesseitiges Gut und irdisches Glück hin; doch welkt eine solche Blüte, endet das Glück.

Besonders erfreulich ist es, wenn der Prophet oder ein Gottesfreund dem Träumenden eine Blüte oder einen Strauß überreicht.
Ist gar eine Myrte in einem solchen Strauß, zeigt dies, dass der
Träumer zu den Auserwählten gehört. Die Myrte ist das Symbol
der Treue – wenn eine Ehefrau im Traum ihrem Mann einen Myr-
tenzweig schenkt, bedeutet das eine glückliche, stabile Ehe. Doch
als eine Frau träumte, ihr Mann gebe ihr eine Narzisse, ihrer Ne-
benfrau aber eine Myrte, hieß das, er werde sie verstoßen und die
andere Frau behalten. Wer von Myrten träumt, so sagt ein mittelalterlicher Interpret, wird Freundschaft mit einem Edlen pflegen,
und die Myrte kann auch auf einen freien Mann mit langem Leben
hinweisen, der mit Schönheit und Intelligenz begabt und aus guter
Familie ist.

Träumt man aber von einer Lilie, *sausan,* so ist das unerfreulich,
da der Name als *su' sana,* „schlechtes Jahr", gelesen werden kann.
Träumt gar ein Kranker, dass Lilien und Duftkräuter um sein Bett
liegen, so sind das diejenigen, die bald um seine Bahre stehen werden …

Besonders reichlich sind die Auslegungen von Träumen von Rosen, die ja auch in der Dichtung den wichtigsten Platz einnehmen.
Eine Rose am Strauch bedeutet – wieder einmal! – einen schönen
Sohn, während eine abgepflückte Rose Trauer anzeigt. Das gilt
auch, wenn man träumt, man pflücke selbst eine Rose.

Der Trauminterpret al-Kirmani bietet verschiedene Deutungen
der Rosenarten im Traum: die rote Rose solle Führerschaft, Freude,
Erfolg in der Arbeit bedeuten; die gelbe Rose ist interessanterweise
eine Kauffrau, die für die Menschen sorgt, und die weiße Rose bedeutet Glück. Nach anderen Interpreten kann die Rose fast alle
Arten von Menschen symbolisieren, sei es eine schöne Sklavin oder
einen liebevollen Gatten – bis hin zum attraktiven, aber treulosen
Mann; in der Dichtung wird ja auch über die „Treulosigkeit" der
rasch welkenden Rose geklagt. Besonders erfreulich aber ist es,
wenn der Träumer eine weiße Rose pflückt: Er wird eine keusche
Frau küssen.

Die Narzisse kann ebenfalls einen hübschen Menschen darstellen. Auch sie wird oft als treulos aufgefasst, da ihre Blütenblätter rasch abfallen:

> *Keine Treu' hat die Narzisse –*
> *treu ist nur die Myrte hier.*

Doch können die gelben und weißen Blütenblätter dieser Blume auch auf Gold- und Silbermünzen hinweisen, die der Träumer erhalten wird.

Beachtenswert ist der Traum eines frühen Sufis, der geträumt hatte, ein Vogel picke alle Blüten von einem Jasminstrauch ab, was dahingehend ausgelegt wurde, dass alle Gelehrten der Gegend bald sterben würden.

Doch den wohl schönsten Gartentraum erzählt Maulana Rumi in einem Gedicht, in dem alles vereint ist, was den Garten, das irdische Paradies, ausmacht:

> *Gestern, o Bruder, sah ich den Geliebten im Traum,*
> *schlummernd am Quellrand unter dem Wildrosenbaum.*
> *Rings standen Huris, die Hände gefaltet, im Kreis,*
> *blühten die Tulpen hier, dort die Jasminen im Raum.*
> *Leise, ganz zärtlich strich ihm der Wind übers Haar;*
> *Moschus- und Ambraduft weht aus dem lockigen Flaum.*
> *Wind wurde trunken und raubte die Locke dem Freund,*
> *wie man den Docht wohl entfernt aus des Öllämpchens Saum …*

Ein Kind wie eine Blume: Namengebung

Wie bei uns werden in der islamischen Welt Blumennamen für Kinder, vor allem für Mädchen, verwendet. Manche von ihnen sind letzthin auch bei uns heimisch geworden – so etwa *Yasmin*, „Jasmin", in verschiedenen Schreibweisen. In Bosnien kommt *Jasminka* für Frauen, *Jasminko* für Männer vor. *Sausan, Susan,* verwandt unserer Susanne, ist die Lilie, und im Arabischen sieht man unter anderem *Warda*, „Rose", und allgemein *Zahra*, „Blume", das, wie viele Namen, allen islamischen Sprachen gemeinsam ist. Im persisch-türkischen Raum findet man besonders häufig *Lale*, „Tulpe", *Nasrin*, „Weiße Rose, Eglantine", *Nilufer*, „Lotosblume", *Nargis*, „Narzisse", *Rihana*, „Duftkraut", *Nabat,* „Pflanze, Zuckerrohr". Im Türkischen gibt es *Mine,* „Vergissmeinnicht", *Çigdem,* „Krokus", aber auch ganz einfach *Çiçek*, „Blume". Es fehlt auch nicht an „Tautropfen", *Jale* oder *Şebnem.*

Der ganze Garten kann als Name dienen: *Gulistan, Gulschan,* „Rosengarten", *Bustan,* „Garten", und im Arabischen *Rauda*, „Hag", mit dem Plural *Riyaḍ, Riyaz:* Ein pakistanischer Gelehrter heißt *Riyaz ul-Islam,* „Gärten des Islam". Es fehlt auch nicht *Shukūfe,* „Knospe", und im Türkischen *Demet,* „Blumenstrauß".

Überall aber ist es die Rose, die wie bei uns die wichtigste Rolle spielt. *Gul* (türkische Aussprache *gül*) kommt sogar als Männername vor, so im afghanischen Gebiet; in türkischen Derwischkreisen ist der Gottesfreund *Gül Baba* in Budapest bekannt (es gibt übrigens in Istanbul einen *Sünbül Efendi*, „Herr Hyazinthe"). So findet man *Gülfiliz*, „Rosenspross", *Gulbadan*, „Rosenleib", *Gülru*, *Gulrukh* sowie *Gulʿidhar*, „Rosenwange", *Gulbarg*, „Rosenblatt", *Gul-i rana*, „Hübsche Rose". Aus dem Türkischen kennt man *Güldali*, „Rosenzweig", *Gülseren*, „Rosen Streuende", *Gülperi*, „Rosenfee", *Özgül*, „wirkliche, echte Rose". Man erweitert solche Namen wohl auch: *Bağdagül*, „Rose im Garten" oder, sehr liebevoll, *Yurdagül*, „Rose für das Heimatland". Auch kommt es nicht selten vor, dass ein traditioneller Eigenname – und zwar männlich und weiblich – noch durch *gül* erweitert wird: *Ayşegül*, *Fatmagül*, aber auch *Aligül* für einen Mann.

Selbst die koranischen „Bäume" *Tuba* und *Sidra* werden als Mädchennamen verwendet, und ganz ins Paradies führen wollte ein indischer Bekannter, der seine Töchter mit den Namen paradiesischer Gewässer *Tasnima* und *Kauthar* nannte.

Epilog

Die Welt scheint ein Garten zu sein; jede Blume ein Abbild eines geliebten oder auch weniger geliebten Menschen, und die Geliebte – nun, ist sie nicht selbst ein Blumengarten?

Ihre Augen sind Narzissen, Rosen ihre Wangen,
ihre Locken Hyazinthen; die Gestalt: Zypresse schlank,
und von ihrem Widerscheine ward der Spiegel ganz zum Garten!

So singt der Urdu-Dichter Nasich im frühen 19. Jahrhundert in Lucknow. Er nimmt hier einige Standardmotive auf, die sich tausendfach in der orientalischen Poesie finden und am Ende geradezu abgenutzt erscheinen, zu denen freilich andere Poeten immer exotischere Bilder gefügt haben; die Nase kann zur Jasminknospe werden, die Finger zu Bananenbüscheln (Nusrati). Und wenn die Rose den Dichter an die Wange der Geliebten erinnert, dann ist diese rosige Wange im Winter gewissermaßen ein Gruß von der Rose, und während der Fromme das große Fest nur einmal im Jahr feiert, ist die Geliebte für ihn ein niemals endendes Fest, in dem sich alle Blüten vereinen, wie es Imami aus Herat im 12. Jahrhundert ausdrückt:

Das große Fest ist einmal nur im Jahr –
Seit ich dich seh', ist Festzeit immerdar.
An einem Tag trägt Rosenlast der Zweig –
dein Antlitz trägt für mich stets Rosenschar.
Einmal pflück' Veilchensträuße ich im Hag –
nie welkt ein Veilchen mir: dein dunkles Haar.
Nur eine Woche blüht Narzisse auf –
stets bleibt die schönste mir: dein Auge klar …
Im Lenz nur duftet der Jasminenstrauch –
Du, Hyazinthe, bist des Dufts nie bar …
 Stolz ist im Hag Zypresse immergrün,
doch neben dir stellt sie sich kläglich dar …

Ungezählte Dichter in Andalusien wie im Osten der islamischen Welt haben gesagt: „Wenn die Rose …" oder: „die Narzisse sprechen könnte, würde sie das und das sagen" oder „mit mir Zwiesprache halten". Doch was Farruchi vor einem Jahrtausend im Garten erlebte, war erstaunlich: Blumen und Bäume wollten ihn in seinem Liebeskummer trösten:

Mein Lieb ging fort, und ich bedrückt, verzagend,
ging in den Garten voller Trennungsschmerzen,
zu jenem Ort, da sie mit mir gesessen
zur Herbsteszeit und auch an Frühlingstagen.
Ich sah das Veilchen, die Narzisse stehen,
die tausendfache Schönheit hier verbreiten –
von Veilchen gab es Mengen, große Mengen,
und um sie Karawanen von Narzissen,
die einen duftend wie der Liebsten Locke,
die andern trunken wie der Liebsten Auge.
Und zwei Zypressen sah ich, unter denen
sie oft mit mir den Weinpokal geleert.
Ich seufzte, schluchzte, und mein Schoß, mein Ärmel,
sie wurden rot von meinen blut'gen Tränen.

Das Veilchen sprach: „Wein' nicht, weil sie gegangen –
Pflück' als Erinn'rung an die Locken mich!"
Und die Narzisse? „Fern von Liebchens Augen,
richt' deine Augen auf die meinen doch!"
Und als ich weinte, schlug von den Zypressen,
den hohen, schlanken, Klage mir ans Ohr,
und seufzend sagten diese beiden Bäume:
„Ach, fände doch dein Herz bei uns nun Ruh'!
Dein Lieb war grün-frisch – und das sind wir auch!
Hoch, schlank war sie – doch wir sind schlanker noch!"
Ich aber sprach: „Die Höhe und die Frische –
was nützen die, wenn es ums Küssen geht?" ...

Doch vergessen wir nicht: Hin und wieder ist der Vergleich Garten = Mensch auch negativ, wie aus einer frühen persischen Satire deutlich wird:

Du, der wie die rote Rose
    in jedermanns Hand dich begibst
und wie der Narzisse Auge
    auf jeden Unrat auch blickst –
du trägst ja so wie das Veilchen
    den Kopf gebeugt vor Begier,
und ganz so wie bei der Tulpe
    ist nur deine Farbe 'was wert!

Ähnliches gilt auch vom Vergleich der Welt mit einem Garten, der im Allgemeinen Gottes wunderbare Schöpfung preist. Besonders intensiv hat sich der Ismaili-Philosoph Nasir-i Chusrau mit solchen Vergleichen befasst; in seinem Exil in Badachschan grübelte er über die Verschlechterung der religiösen und politischen Lage nach und kam zu niederschmetternden Ergebnissen. Hatte nicht der Prophet Muhammad einen Garten, umzäunt vom Religionsgesetz, angelegt, in den sich dann später einige Verrückte einschlichen, um ihn zu zerstören? Und schlimmer noch: Gott hatte hier auf Erden einen schönen Garten geschaffen, dessen Zäune aus Weisheit bestanden und dessen Pforten die wahren Weisen waren; die schützende Dornenhecke dieses Gartens aber war Dhu'l-fiqar, das berühmte Schwert Alis. Der Besitzer – ungenannt der Prophet – ordnete das Leben im Garten, in dem es wunderbare Früchte gab (eine Anspielung auf die im Anfang von Sure 93 genannten „Feige und Olive"). Aber ach, eines Tages verkleidete sich ein Schwein als Schaf! Es graste ganz friedlich auf einem Hügel, solange der Besitzer lebte; doch dann enthüllte es seine Identität und zerwühlte die Narzissen- und Rosenbeete, so dass kein Platz mehr für die Nachtigallen blieb. Krähen und Raben bevölkerten den Hag, und Dornen wucherten statt duftender Blumen, während das Schwein, glücklich und zufrieden, immer mehr unerfreuliche Kreaturen anzog – und so geht's nun in unserer Welt zu …

Wenn Nasir-i Chusrau hier die Verschlechterung der Welt nach dem Tode des Propheten und bei der Ausbreitung anti-schiitischer Regierungen beklagt, so beschreibt er in einem anderen, ebenso bitteren Gedicht die Bäume im Wald der Welt. Gewiss, Gott hat diesen Garten gepflanzt, doch einige Bäume darin sind vom Satan gesetzt worden, und so sind sie alle unterschiedlich, tragen verschiedene Blätter und Früchte. Der Weise ist ein gesegneter Baum am Strom der Weisheit, der am Ende süße, heilsame Früchte trägt. Ja, die ganze Welt kann als Baum gesehen werden (eine Vorwegnahme von Ibn Arabis *schadscharat al-kaun,* s. S. 54), ein Baum, dessen schöne Früchte die Intelligenten sind. Doch im Hag der Welt pflanzt Gott auch andere, weniger erfreuliche Gewächse, deren Produkte Dornen und nutzloses Stroh sind. In einem großen Gedicht hat Nasir-i Chusrau diese Gedanken im Einzelnen ausgeführt: Was für sonderbare Bäume gibt es doch hier, manche tragen Blätter, manche Nadeln, manche bringen Zucker hervor, manche Koloquinten, manche ähneln Vögeln, manche Skorpionen – und der Kluge muss sich vorsehen, nicht einem gefährlichen Baum nahe zu kommen!

Solche Ideen lebten weiter, und der „Garten der Welt" erscheint im Laufe der Zeit immer wieder. Selbst in moderner persischer Literatur kommt das Bild vor – ein besonders interessantes Beispiel stammt von dem persischen Literaten Lahuti, der in den zwanziger und dreißiger Jahren des 20. Jahrhunderts lange in der UdSSR lebte und das Bild des Gartens in seinen sozialkritischen Versen politisch verwendete: Für ihn gibt es einen idealen Gärtner, der den verwilderten Hag in Ordnung bringen kann, weil er weiß, was abgeschnitten und ausgerottet werden muss und was bleiben soll – und das ist kein anderer als Stalin! Wenig später wurde die junge iranische Dichterin Forugh Farruchzad durch den Anblick des ungepflegten Gartens hinter ihrem Haus an die Lage Irans erinnert, das gleichfalls verwildert und verkommen war ...

Doch man kann diesen Weltgarten verbessern. Maulana Rumi weist den Weg, wie man sich nicht mit Dornen, sondern mit Blumen umgeben kann:

Wenn jemand von einem anderen Gutes sagt, wendet sich das Gute zu ihm zurück, und in Wirklichkeit ist dieses Lob für ihn selber. Es ist ähnlich wie jemand, der um sein Haus einen Rosenhag und Duftkräuter pflanzt: Wenn immer er hinsieht, erblickt er Rosen und Duftkräuter und ist ständig im Paradies... Wenn jemand Gutes von jemandem sagt, so wird der sein Freund; wenn er an ihn denkt, denkt er an einen lieben Freund, und an einen liebenden Freund zu denken ist wie Rosen und Rosenhag, wie Dufthauch und Ruhe. Aber wenn er schlecht von jemandem spricht, erscheint er ihm verhasst; wenn er an ihn denkt oder sein Bild vor ihm erscheint, ist es, als ob eine Schlange oder ein Skorpion, ein Dorn oder eine Distel vor seinen Augen erschienen sei... Nun, wenn du Tag und Nacht Rosen und Rosengärten und die Wiesen von Iram (Sure 89,6) sehen kannst, warum gehst du inmitten von Dornbüschen und Schlangen umher? Liebe alle, damit du immer unter Rosen und in einem Garten weilst!

Wenn der Mensch so handelt, gewinnt die Welt wieder ihre Stellung als Widerschein des Paradiesgartens zurück, und der Betrachter erfährt:

Der Seele Frohsinn hängt nicht ab
von Rosen und von Grün –
Dort, wo ein Herz sich aufgetan,
ist Garten voller Blüh'n!

Bibliographie

Ardalan, Nadir: The Paradise Garden Paradigm, in: Consciousness and Reality. Studies in Memory of Toshihiko Isutzu. Leiden 2000.

Amir Chusrau: Dīvān, hrsg. von Mahmood Darwish. Teheran 1965.

Anwari: Divan, hrsg. von Saᶜid-i Nafisi. Teheran 1958.

Attar, Fariduddin: Ilāhīnāma, hrsg. von H. Ritter und J. Rypka. Istanbul 1940.

→ Dazu: Attar: Vogelgespräche und andere klassische Texte, vorgestellt von Annemarie Schimmel. München 1999.

Aufi, Muhammad: Lubāb al-albāb, hrsg. von E. G. Browne und M. Qazwini. 2 Bde. London/Leiden 1906.

Babur Padishah: Baburname. Engl. Übersetzung von Wheeler M. Thackston. Washington DC, 1996.

Baqli, Ruzbihan: ᶜAbhar al-ᶜāschiqīn, hrsg. von H. Corbin. Teheran, Paris 1958.

Beuchert, Marianne: Symbolik der Pflanzen. Von Akelei bis Zypresse. Frankfurt 1995.

Brookes, J.: Gardens of Paradise. The History and Design of the Great Islamic Gardens. London 1987.

Canard, M.: Quelques aspects de la vie sociale en Syrie et Jazira au dixième siècle d'après les poètes de la cour hamdanide, in: Arabic and Islamic studies in honor of H. A. R. Gibb. 1965, S. 168–190.

Dard, Khwaja Mir: Dīvān-i fārsī. Delhi 1891.

ders.: Urdu Divan, hrsg. von Khalil ur Rahman Da'udi. Lahore 1961.

Daudpota, Umar Muhammad: The Influence of Arabic Poetry on the Development of Persian Poetry. Bombay 1934.

Daulatschah: Tadhkirat asch-schu'arā, hrsg. von E. G. Browne. London/Leiden 1901.

Dickie, James: The Hispano-Arab Garden. Its Philosophy and Function. Bulletin of the School of Oriental and African Studies 31 (1958), 237–248.

Dschami, Abdurrahman: Baharistan. Zahlreiche Litographien. ders.: Divan, hrsg. von Haschim Reza. Teheran 1962.

Ecker, Lawrence: Die Blumenbeschreibungen der arabischen Hofdichter, in: Corona. Studies in Celebration of the 80th Birthday of Samuel Singer. Durham 1941, 148–157.

Ehlers, Jürgen: Die Natur in der Bildersprache des Šahnama. Wiesbaden 1995.

Farruchi-i Sistani: Divan, hrsg. von Muhammad Dabir Siyaqi. Teheran 1956.

Fouchécour, C. H. de: La description de la nature dans la poésie lyrique persane du Xième siècle. Paris 1969.

Die Gärten des Islam. Ausstellungskatalog des Lindenmuseums Stuttgart, hrsg. von H. Forkl et al. Stuttgart/London 1993.

Gelani, Ikram Ali Shah: Quranic Concepts of Landscape Architecture, a Comparison with Shalimar Gardens, in: Mahmood Hussain et al.: The Mughal Garden.

Ghalib, Mirza Asadullah: Kulliyat-i fārsi. 17 Bde., Lahore 1969. ders.: Urdu Divan, hrsg. von Hamid Ahmad Khan. Lahore 1969.

→ Dazu: Annemarie Schimmel: Woge der Rose, Woge des Weins. Zürich 1971.

Gibb, E. J. W.: A History of Ottoman Poetry. 6 Bde. London 1900–1909.

Giese, Alma: Waṣf bei KušaǦim. Eine Studie zur beschreibenden Dichtkunst der Abbasidenzeit. Berlin 1981.

Golombek, L. und M. Subtelny: Timurid Art and Culture. Leiden 1992.

Grunebaum, G. E. von: Die Naturauffassung der arabischen Dichtung, in: Kritik und Dichtkunst. Wiesbaden 1955.

Hafiz, Muhammd Schamsaddin: Divan. Zahlreiche Ausgaben.

Hammer-Purgstall, Joseph von: Geschichte der schönen Redekünste Persiens. Wien 1818.

    ders.: Der Diwan des Mohammed Schemsed-din Hafis. Stuttgart, Tübingen 1812, 1813.

Hanaway, William A.: Paradise on Earth. The Terrestrial Garden in Persian Literature. In: Macdougall/Ettinghausen: The Islamic Garden.

Herbert, Zbigniev: Der Tulpe bitterer Duft. Frankfurt 1994.

Hoenerbach, Wilhelm: Die dichterischen Vergleiche der Andalus-Araber. Bonn 1974.

Husain, Ali Akbar: Scent in the Islamic Garden. A Study of Deccani Urdu Literary Sources. Karachi 2000.

Ibn Ghanim al-Maqdisi (al-Muqaddasi): Kaschf al-asrār ᶜan ṭuyūr wa l-azhār, hrsg. von Garcin de Tassy. Paris 1821.

    ders. Auswahl: Revelation of the secrets of the birds and flowers, übers. Irene Hoarse and Darya Galy, London 1980.

Ibn Iyas: Bada'iᶜ az-zuhūr fi waqa'iᶜ ad-duhūr, hrsg. von P. Kahle und M. Mostafa. Istanbul, Bd. IV. Auszüge von Annemarie Schimmel: Aufzeichnungen eines ägyptischen Bürgers. Tübingen 1975.

Ibn al-Muᶜtazz: Divan, hrsg. von B. Lewin. Bde 3–4, Istanbul 1945 und 1950.

Iqbal, Muhammad: Payām-i maschriq. Lahore 1924.

    ders.: Bāl-i Dschibril. Lahore 1936.

Macdougall, Elizabeth, Richard Ettinghausen: The Islamic Garden. Washington 1976.

Mahmood Hussain, Abdul Rehman, James Wescoat jr: The Mughal Garden. Rawalpindi 1996.

Mélikoff, Irène: La Fleur de la souffrance. Recherche sur le sens symbolique de *Lâle* dans la poésie mystique turco-iranienne, in: Journal Asiatique 255 (1967), S. 341–360.

Mez, Adam: Die Renaissance des Islam. Heidelberg 1922.

Moynihan, Elizabeth: Paradise as a Garden in Persian and Mughal India. New York 1979.

Nasir-i Khusraw: Divan, hrsg. von M. Minovi. Teheran 1974.
→ Dazu Annemarie Schimmel: Make a Shield from Wisdom. Selected Verses from Nasir-i Khusraw's Divan. London 1993, 2001.
ders.: Safarnama. Verschiedene Ausgaben.

Petruccioli, Attilio (Hrsg.): Il giardino islamico. Architettura, natura, paesaggio. Mailand 1994.
Ders.: Zahlreiche Aufsätze in der Zeitschrift: Environmental Design, hrsg. von Attilio Petruccioli. Rom.

Qaddumi, Ghada H.: Book of Gifts and Rarities. Harvard 1996.

Rumi, Dschalaladdin: Dīvān-i kabīr, hrsg. von B. Furuzanfar. 10 Bde. Teheran 1957–75.
ders.: The Mathnavi, hrsg. von R. A. Nicholson. London, Leiden 1925–1940, 8 Bde. Übersetzung und Kommentar.
ders. Fihi ma fihi. Deutsch von Annemarie Schimmel: Von Allem und vom Einen. München 1988.
→ Dazu Annemarie Schimmel: The Triumphal Sun. A Study of the Works of Jalāloddin Rumi. London 1980 und 1993.
dies.: Ich bin Wind, du bist Feuer. Düsseldorf, Köln 1978 und 1980.
dies.: Rumi. Freiburg 2001.

Rubiera, Maria Jesús: Rosen der Wüste. Die Architektur in der arabischen Literatur. München 2001.

Saadi, Muslihuddin: Gulistān. Zahlreiche Ausgaben (Deutsch: Sa'dis Rosengarten. München 1998).

ders.: Bustān. Zahlreiche Ausgaben.

Schimmel, Annemarie: Aus dem goldenen Becher. Türkische Lyrik vom 13. bis zum 20. Jahrhundert. [3]Köln 1989.

dies.: Stern und Blume. Die Bildersprache der persischen Poesie. Wiesbaden 1984.

dies.: Nimm eine Rose und nenne sie Lieder. Poesie der islamischen Völker. München 1987.

dies.: The Celestial Garden in Islam, in: Macdougall/Ettinghausen: The Islamic Garden.

dies.: Die Rose. Rosenmuseum Steinfurth. 1995.

dies.: Die Träume des Kalifen. München 1999.

dies.: Im Reiche des Großmoguls. München 2000.

dies.: Die schönsten Gedichte aus Indien und Pakistan. München 1996.

Schmidt, Werner: Die Natur in der Dichtung der Andalus-Araber. Kiel 1971.

Schoeler, Gregor: Arabische Naturdichtung. Die Zahrīyāt, Rabī-'iyāt und Rauḍiyāt von ihren Anfängen bis aṣ-Ṣanaubari. Beirut/Wiesbaden 1974.

Sultan Bahu: Abyāt, hrsg. von Maqbul Elahi. Lahore 1967.

as-Suyuti, Dschalaladdin: Ḥusn al-muḥāḍara fi āchbār Misr wal-Qahira. Kairo o. J.

Thakur, Hiran: Qadi Qadan jo kalām. Delhi 1978.

Volkmann, Helga: … und an den Bäumen hingen als Früchte lauter kostbare Edelsteine. Gärten in den orientalischen Märchen, in: Zauber-Märchen, hrsg. von U. und H. A. Heindrichs. München 1998.

Walker, Daniel: Flowers underfoot. Indian carpets of the Mughal Era. New York 1997.

Welch, Stuart Cary: INDIA. Katalog der Ausstellung im Metropolitan Museum. New York 1985.

Wilber, Donald: Persian Gardens and Garden Pavillions. Washington 1979.

Yunus Emre Divanı, hrsg. von A. Gölpınarlı. Istanbul 1943.
→ Dazu Annemarie Schimmel: Yunus Emre. Köln 1991.